Weißrussland anders

NachRusslandReihe

russland-buecher.ru

„Ich habe über mich gedacht. Gott sei Dank gibt es einen Präsidenten, der Stabilität in der Gesellschaft bewahren kann.“

Alexander Grigorjewitsch Lukaschenko

Oliver Kempkens, Karoline Spring, Nina Reuter

Weißrussland anders

Bibliografische Information der Deutschen Nationalbibliothek. Die Deutsche Nationalbibliothek verzeichnet diese Publikation in der Deutschen Nationalbibliografie; detaillierte bibliografische Daten sind im Internet über http://dnb.d-nb.de abrufbar.

Achtung!
Als Service für die Leser unserer Buchreihe haben wir einen Kundenbereich unter http://russland-buecher.ru, wo Änderungen und Neuigkeiten publiziert werden.

Über dieses Buch:

Weißrussland, obwohl nur wenige Autostunden von Berlin entfernt, gehört zu den Ländern, die gerade so gut auf dem Mond liegen könnten. Wahlweise wird das Land von den Massenmedien entweder als Russische Kolonie, als Staat des Bösen oder einer fast stalinistischen Diktatur dargestellt. Dabei hat das kleine Land fast jedem etwas zu bieten. Wer sich als Individualtourist ein spannendes Land erschließen möchte und frei von Vorurteilen ist, der findet hier einen Leitfaden vom modernen Minsk bis zu den Nistplätzen der Störche.

ПОДВИГ НАРОДА

Inhalt

Würde es Lukaschenko nicht schon geben, sollte
man ihn erfinden!
Ein kleiner Stachel im globalen Einheitsbrei
schadet nicht.

Sandra Ravioli Herausgeberin

Prolog

Vor einigen Jahren führte mich eine Reise nach Weißrussland. Ich hatte ursprünglich geplant, ein Projekt in der Ukraine zu betreuen, doch das zerschlug sich. Die Alternative hieß Weißrussland. Oder doch Belarus? Ich wusste es nicht. Sind es nun „Weiße Rus" (so wie Kiewerrus), Belarussen oder Belarusen, wie mir ein Freund heute immer noch eindringlich erklärt? Eigentlich weiß ich es bis heute nicht genau. Jedoch „weiß" ich viel über die politische Situation: Um „die letzte Diktatur Europas" oder um das „Schongebiet des Sozialismus" sollte es sich handeln. Ein russischer Freund sagte damals entrüstet zu mir: „Weißrussland? Das ist wie Russland vor 20 Jahren!" Die Botschaft der Republik Belarus in Deutschland teilte mir zudem mit, dass 2008 nur 4500 deutsche Interessenten (Geschäftsleute, Touristen, Bildungsreisende) nach Weißrussland reisten; genauso viele Deutsche reisen an einem einzigen Ferientag nach Mallorca.

Während meiner Zugfahrt von Berlin nach Minsk teilte ich mir ein Abteil mit einem Mittvierziger, Juri Alexandrowitsch. Seine Mutter arbeitete irgendwo in der Mark Brandenburg. Er besuchte sie. Irgendwann während der 21-Stunden dauernden Zugfahrt - wir unterhielten uns über das Land, in das wir fuhren - sagte Juri: „Belarus ist eine Groteske. Uns gibt es erst seit 20 Jahren. Was soll man erwarten?" Ich war entsetzt! Selbst jemand, der sein ganzes Leben in Belarus (vormals BSSR) verbracht hatte, konnte mir nicht in ein paar Sätzen, in einem „Elevator Pitch", mitteilen, was sein Land ausmacht. Meine Vorstellung und Einstellung zu diesem unbekannten

Land war nicht erst durch Juris Aussage, sondern noch verstärkt durch die Uniformierung der zugegebenermaßen sehr hübschen Schaffnerin, tendenziell sehr voreingenommen. Ich stellte mir unter „Diktatur 2.0" eine Version Nordkoreas vor: Abgeschottet von der westlichen Welt leben die Menschen für Arbeit, Volk und Vaterland, ganz in grau, ohne Farbe. Obwohl ich schon einige Male in ehemaligen Republiken der Sowjetunion war und diese Vorurteile strikt ablehnte, erstanden sie vor meinem inneren Auge.

Im Schnitt sitze ich alle 4 Monate im Zug, um in die Republik Belarus zu reisen. Warum? Dafür gibt es viele Gründe: Minsk ist architektonisch das Paradebeispiel sowjetischer Stadtplanung und -entwicklung, man sucht seinesgleichen vergeblich in der Russischen Föderation. Der Westen der Republik Belarus ist durch die ständigen Grenzverschiebungen gespickt mit Kulturgütern (Schlösser: Mir und Nesvitsch, Kloster: Tschirowitschi) entsprechend dem europäischen Kulturverständnis, gleichzeitig sind der Osten und die kleinen Dörfer so gestaltet, wie man sie aus der Russischen Föderation kennt und es scheint, als bestünde die Kolchosstruktur fort. Im Gegensatz zur teilweise vorhandenen russischen Arroganz sind die Belarussen ein recht entspanntes Völkchen, das sich auch gern damit rühmt, tatkräftiger zu sein als ihre großen Nachbarn.

Die politische Frage ist mit Sicherheit nicht sehr einfach zu beantworten und ich möchte Sie im Namen aller meiner Mitautoren auffordern, sich selbst ein Bild zu machen. Gemäß der Verfassung ist die Republik Belarus ein präsidiales Staatssystem, wie die Vereinigten Staaten von Amerika. Ebenso wie in den USA existiert auch in der Republik Belarus die Todesstrafe. Gesicherte Zahlen, wie viele

Exekutionen pro Jahr vorgenommen werden, gibt es derzeit nicht. Legt man gesicherte Angaben zu „Todesurteilen" der Jahre 1985 bis 2004 zu Grunde, so wurden zwischen fünf (1989) und 47 (1998) Todesurteile ausgesprochen; 2009 wurden in den USA 3279 Menschen zum Tode verurteilt.

Was macht die Republik Belarus weiterhin zur Diktatur?
Die Person Lukaschenkos wird eine häufige Antwort sein. Meine persönliche Erfahrung war, dass Demonstrationen möglich sind, auch stattfinden und nicht aufgelöst bzw. repressiert werden. Zudem trifft sich vor dem nicht umzäunten Präsidentenpalast abends die alternative Jugend zum „Biken" und „Skaten". Der Präsident gibt sich regelmäßig weltoffen sowie volksnah und sucht aktiv nach wirtschaftlichen Alternativen zu einem russisch-belarussischen Bündnis (zuletzt durch ein Wirtschaftsabkommen mit der Volksrepublik China), wenngleich die Republik Belarus mit der Russischen Föderation und Kasachstan eine Zollunion gründete. Nichtsdestotrotz liegen die bekannten Argumente der Gegner auf dem Tisch: Wahlfälschung, Pressefreiheit und Vetternwirtschaft. Insbesondere der erste Punkt, sollte er nachgewiesen werden können, wäre ein die Demokratie gefährdender Punkt. In Zeiten von Vorratsdatenspeicherung und GoogleStreetView sowie einer möglichen Internetzensur in Deutschland, gilt es möglicherweise zuerst nach der Begründung zu fragen, warum und was zensiert wird. Hinzu kommt aus pragmatischer Sicht: Hat die Regierung überhaupt das Geld einen derart großen Überwachungsapparat zu finanzieren?
Die Situation in der Republik Belarus könnte durchaus besser

sein, doch geht es bei Belarus nicht nur um die Frage der „formalen Staatsform" Diktatur oder Demokratie. Nein, vielmehr geht es um ein Land, das in seiner Identität stets zerrissen war und das zu allen Zeiten der neueren Geschichte stets Opfer bringen musste und unter Entbehrungen litt. Schon im Nordischen Krieg 1700 zu Zeiten Zar Peter I. starb etwa ein Drittel der Bevölkerung, im Zweiten Weltkrieg noch einmal ein Drittel und unter Stalin wiederum eine Anzahl, die nicht genau bezifferbar ist.

Seit dem 25. August 1991 existiert die Republik Belarus, so wie man sie heute kennt, das sind weniger als 20 Jahre. Berücksichtigt man die transformatorischen Schwierigkeiten, die wirtschaftlich, finanziell und kulturell-ideologisch aus der Auflösung der Sowjetunion für die Menschen entstanden sind, so befindet sich Belarus - an den wirtschaftlichen Kennzahlen gemessen - auf einem besseren Weg, als beispielsweise Lettland, Georgien oder die Ukraine.

Dass sich noch keine Zivilgesellschaft aus den „Flüsterern" herausgebildet hat, ist sicherlich ein Relikt alten Sowjetdenkens. Dafür wäre es wichtig, dass ein Austausch zwischen Belarussen und anderen „Westlern" (und natürlich Afrikanern, Asiaten, Australiern usw.) stattfindet. Doch durch europäische Embargopolitik, Schengener Visapolitik und ambivalenter „Östlicher Partnerschaft" drängt man die Republik in die Ecke eines Schurkenstaates und erschwert den Menschen sowie Institutionen vor Ort, in einen freien weltweiten und selbst bestimmten Austausch zu treten. Was bleibt Belarus anders übrig, als Abkommen mit der VR China oder der Russischen Föderation zu schließen?

Das vorliegende Buch soll neben der Frage, ob man sich auf dem Weg nach Weißrussland, nach Belarus oder - formalkorrekt - in die Republik Belarus begibt, ein emblematisches facettenreiches und pittoreskes Bild eines Landes vermitteln, das geografisch so nah, kognitiv aber doch so fern ist.

Es soll eine Hommage an die belarussische Gesellschaft und die Menschen sein. Eine sich entwickelnde Kultur, die Beachtung verdient; von Menschen, die in der Vergangenheit unter Entbehrungen sowie Repressionen litten und dennoch nicht die Hoffnung aufgeben. Belarus ist nicht nur Lukaschenko und Lukaschenko ist nicht Belarus. Er ist heute schon eine Figur der Geschichte und sicherlich zum Teil auch Bewahrer wirtschaftlicher Stabilität. Um Belarus zu verstehen, halte ich es genauso wie ein befreundeter Minsker Professor stets zu sagen pflegt: *„to understand a nation, a culture, you have to talk with different people"*.

Oliver Kempkens

Wohin? Belarus?

Oliver Kempkens

Etwa 600 Kilometer liegen zwischen östlichster deutscher Grenze bis zur westlichsten belarussischen Staatsgrenze. Dazwischen liegt Polen als Grenze der Europäischen Union. Danach endet Zoll- sowie Währungsunion und die kleinstaatliche Krämerei beginnt, wenngleich Belarus in eine Zollunion mit der Russischen Föderation und Kasachstan getreten ist, die für den allgemein interessierten Reisenden jedoch keine Auswirkung haben sollte.

Sollte ich den Worten meines Freundes Andrej Olegowitsch Glauben schenken, dann kann man schon an der Einreise in ein postsowjetisches Land erkennen, ob man als „Beobachter" oder „Berater" kommt. Denn in der Regel fliegen die Leute, die es besser wissen, die Demokratie exportieren und sich selbst verwirklichen wollen, selbstverständlich mit dem Flugzeug. Alle anderen, Touristen, Beobachter und Interessierte, reisen mit dem Zug, wobei es natürlich auch Ausnahmen für Kranke, Alte und Gebrechliche sowie für Anreisen an entlegene Orte gibt. Zu Letzterem zählt Belarus von Deutschland aus betrachtet nicht. Mit dem Auto fahren im Übrigen nur diejenigen, die die Straßenverhältnisse kennen und sich die Fahrt zutrauen. Das sind in der Regel Aussiedler, Staatsbürger und deren Verwandte. Was ist also besonders an der Fahrt mit dem Zug in die Republik Belarus? Bevor wir uns diesem Punkt widmen, gehen wir noch einen Schritt zurück. Denn vor der Überlegung, womit die Einreise erfolgt, steht die Überlegung: Wie komme ich überhaupt rein? Die Einreisebestimmungen unterliegen in der Republik Belarus einem dreistufigen Aufbau. Das heißt, zuerst braucht man neben einer Einladung ein gültiges Visum. Die Einladung kann das Innenministerium auf Antrag von Freunden und Bekannten ausstellen. Dabei sollte man jedoch beachten, dass Behördengänge in Osteuropa häufig sehr langwierig sein können. Möchte man seinen Freunden diesen Stress zumuten oder diese gar verprellen, dann bitten Sie diese darum. Andernfalls schafft der Visumdienst Abhilfe, der in der Regel neben dem Visum auch die Einladung gegen eine kleine Gebühr von 5 Euro besorgen kann. Hat man sich dafür entschieden, ordert man bei einem der vielen Visumanbieter „einmal Stufe eins", das sind Visum und Einladung. Den Antrag für das Visum gibt es kostenlos auf der Seite des belarussischen Konsulats (siehe Linkliste im Anhang). Nun noch schnell ein Foto aufkleben, unterschreiben und fertig ist der Antrag. Keine Angst! Fragen, ob Sie schon mal in Terroranschläge verwickelt waren, ob Sie gegenwärtig solche planen oder ob Sie an solchen beteiligt sein werden, werden nicht gestellt.

Jetzt folgt der Punkt, an dem Sie sich für die Verkehrsmittelwahl entscheiden müssen, d. h., ob Sie Tourist oder Reformator sind. Mit dem Flugzeug kann man von allen großen internationalen Flughäfen mit Austrian Airlines, Lufthansa, LOT und Aeroflot den „Internationalen Flughafen Minsk-2" erreichen. Inlandsflüge finden in der Regel vom Nationalairport Minsk-1 statt. Von dort aus kann man die anderen Flughäfen in Witebsk, Grodno, Gomel und Brest mit der inländischen Fluglinie Belavia anfliegen.

Auch die Reise mit dem Auto ist natürlich möglich. Bedenken sollte man jedoch, dass die meisten „Autobahnen" in Polen nicht ausgebaut sind, die Warteschlangen an der EU-Außengrenze durch die Zollunion Russlands, Belarus' und

Kasachstans noch größer werden und die Anreise durch lange Fahr- und Wartezeiten sehr anstrengend werden kann.

Deshalb empfehlen die Autoren einstimmig die Anreise nach Belarus im komfortablen Schlafwagen der Bahn. Warum gerade mit der Bahn? Philosophisch würde ich es mit dem „Entschleunigen der Gegenwart" beschreiben; die Bahn bietet insbesondere bei Reisen in den Osten die Möglichkeit, während der Fahrt durch das Transformationsland Polen bis ins traditionelle Belarus, in eine ganz andere Kultur einzutauchen und somit die Veränderung von Deutschland aus organisch mitzuerleben, sodass Körper und Seele zeitgleich im Einklang und entspannt am Zielort ankommen. Den gleichen Effekt hat man ansonsten - jedoch gestresst - nur bei der Reise mit dem Auto.

In Deutschland bekommt man Tickets regelmäßig recht günstig bei der Deutschen Bahn, die Platzreservierungen für den Schlafwagen (Dreier-Abteile, sogenannte „Coupés") werden jedoch in der Regel frühestens sechs Wochen vor Abreise von der „Belarussischen Tschyhunka" freigegeben. Den Löwenanteil der etwa 150 Euro Fahrtkosten für die Hin- und Rückfahrt von Berlin aus „fressen" dabei die Gebühren der Deutschen Bahn auf. Sollte man sich länger in Belarus aufhalten, empfiehlt es sich, das Rückreiseticket vor Ort zu kaufen, da man dabei ein paar Euros sparen kann.

Nun noch schnell Visumantrag ausfüllen und mit dem Fahrmittel ergänzen, Foto aufkleben und Reisepass, der noch mindestens drei Monate gültig sein muss, kuvertieren oder zur Visumstelle bringen - das war es!

Jetzt, da Sie sich für die Reise mit der Bahn entschieden haben, beginnen die Vorbereitungen für die Bahnfahrt. Schluss mit klimatisierten Abteilen, Kopf- und Fußstützen, zweisprachigen Ansagen und klassischem Radioprogramm; „Herzlich Willkommen" geheißen werden Sie in der Welt von Kurswagen ausstaffiert mit rotem Samt, bildhübschen und resoluten Schaffnerinnen und Schlafanzügen zur Nacht. Die Fahrt von Berlin nach Minsk führt über Frankfurt an der Oder, Posen, Warschau, Brest, Baranowitschi nach Minsk und dauert etwa 18 Stunden, von denen man etwa vier bis fünf Stunden zwischen der Grenze (Terespol), dem Umspurwerk und Brest verbringt. Für Fahrten aus Europa in das Breitspurnetz der ehemaligen GUS wird die Umspurung der Personenwagen am wichtigsten Umspurbahnhof in Brest in entsprechenden Umrüsthallen vorgenommen. Dabei wird der Waggon auf Hydrauliksysteme gestellt, hochgebockt und Radsätze sowie Kupplungen getauscht.

Exkurs: Geschichte der russischen Breitspur

Die erste russische Eisenbahn zwischen St. Petersburg und Zarskoje Selo (Puschkin), die 1837 eröffnet wurde, hatte eine große Spurweite von sechs Fuß, etwa 1829 mm. Diese sehr breite Spurweite erwies sich als zu unwirtschaftlich, daher wählte man am 12. September 1842 die seinerzeit in den Südstaaten der USA genutzte Spurweite von exakt fünf englischen Fuß (1524 mm). In der Zeit zwischen Mai 1970 bis 1990 wurde das Regelmaß der russischen Breitspur zur Verschleißminderung durch Verringerung des Spurspiels um 4 mm auf 1520 mm schrittweise reduziert (allein Finnland hat die alte Spurweite von 1524 mm beibehalten).

Die Züge aus Westeuropa konnten auf Grund der unterschiedlichen Spurweiten („Normalspur", das heißt 1435 mm) zuerst nicht durchfahren. Inzwischen gibt es jedoch verschiedene technische Systeme, die dieses Problem beheben. Es gibt Systeme an den Übergängen, wo komplette Radsätze oder Drehgestelle gewechselt werden, aber auch Rollmaterial mit veränderbarer Spurweite, das auf Umspuranlagen umgespurt werden kann. Die Fahrgäste können dabei im Wagen sitzen bleiben, der ganze Vorgang dauert nur wenige Minuten, während die Räder auf den Achsen in die neue Position verschoben werden. Für den grenzüberschreitenden Verkehr zwischen Schweden und Finnland wurden Güterwagen mit auswechselbaren Drehgestellen gebaut.

Status: „Stufe eins" (Visum und Einladung) haben wir erledigt und das Zugticket samt Reservierung gekauft. Kurz vor Reiseantritt beginnen die Vorbereitungen für die Zugfahrt. Neben dem normalen Reisegepäck können wir Ihnen folgende besondere Empfehlungen für Ihr Gepäck geben:

Angemessene Kleidung: Wenn Sie im Sommer reisen, sollten Sie leichte Kleidung dabei haben, da die Klimaanlage gewöhnlich nicht ausreichend kühle Luft produziert. Da die Nächte im September schon ziemlich kalt sein können, sollten Sie während dieser Reisezeit warme Kleidung mit sich führen. Die Züge werden ausschließlich im Herbst und im Winter beheizt. Die Kleidung sollte eher bequem und praktisch sein. Auch, wenn es für uns in Zeiten moderner ICE-Züge und übersteigertem Individualismus komisch erscheinen mag: Schlafzeug nicht vergessen, denn im Zug schläft keiner in den gleichen Klamotten, die er auch tagsüber trägt.

Lektüre: 18 Stunden mit drei Personen in einem Abteil von etwa fünf bis sechs Quadratmetern ist schon eine besondere Herausforderung, auf die man vorbereitet sein sollte. In 18 Stunden kann man sich theoretisch „um Kopf und Kragen" reden. Sollte es an Toleranz und Verständnis des Mitfahrers mangeln, könnte es passieren, dass man sich die letzten 12 Fahrtstunden gar nicht mehr unterhält und verkrampft in die andere Richtung schaut. Das wär's dann mit der „Freundschaft", die eventuell hätte entstehen können …

Plastiktüten: Plastiktüten kann man hervorragend als Mülleimer benutzen, zumal pro Waggon nur ein oder zwei Mülleimer zur Verfügung stehen. Des Weiteren sind sie auch ganz nützlich, wenn Sie auf den Bahnsteigen einkaufen möchten. Dort bekommen Sie in der Regel nichts, was Ihnen beim Fortschaffen der Waren behilflich sein könnte.

Proviant: Ist unverzichtbar für mindestens vier Tagesabschnitte (Nachmittag, Abend, Nacht & Morgen oder Morgen, Nachmittag, Abend, Nacht und Morgen). Heißes Wasser gibt es kostenlos bei der Schaffnerin; Tee und Bier gegen ein kleines Entgelt.

Schweizer Taschenmesser: Für den Proviant und den Wein während der Fahrt.

Stabiles Geschirr: Planen Sie Instantpulver (z.B. „Heiße Tasse") oder Essen (z.B. „Kartoffelpüree") mitzunehmen, denken Sie an die entsprechenden Behältnisse dafür. Die Schaffnerin bietet zwar Teegläser an, Schüssel oder Schalen jedoch nicht.

Bettwäsche samt Decke und Kopfkissen sowie ein kleines Handtuch werden gestellt. Auch findet sich in der Regel auf den Toiletten ausreichend Toilettenpapier. Da in manchen neuen Zügen auch eine kleine Dusche in der Zugtoilette installiert ist, könnte man auch an ein weiteres Handtuch denken.

Die Coupés sind in der Regel klein und mit drei Leuten belegt. Reist man nicht mit Leuten seines Vertrauens, wird man während der Fahrt interessante Bekanntschaften und Freundschaften knüpfen können. Um diese nicht von Anfang an zu belasten, sollte man schon während des Gepäckverstauens die Dinge praktisch bereitlegen, die man im Zug braucht. Platz, den Maxi-Hartschalenkoffer während der Fahrt zu öffnen und die Dinge von unten heraus zu kramen, wird man nicht finden.

<u>Status:</u> „Stufe eins" erledigt, Zugticket gekauft, Tasche gepackt. Im Zug den Platz eingenommen.

In rotem Samt haben wir uns in unserem Coupé im Kurswagen nach Minsk eingerichtet und der Zug „peitscht" unaufhaltsam mit 100 Kilometern pro Stunde in Richtung deutsch-polnische Grenze. Ein Hauch „Krasnaja Moskwa" liegt in der Luft und schon kurz nach dem Besteigen des Zuges löst sich die „spätrömische Dekadenz" in der kollektivistischen Uniformität auf: Die Schaffnerin (die übrigens meistens „Sweta" heißt) trägt eine schicke Uniform, die die Weiblichkeit unterstreicht, gleichzeitig spricht sie nur (Bela-)Russisch, vielleicht ein bisschen Englisch. Für uns kaum vorstellbar, dachten wir doch mit Englisch bis ans Ende der Welt zu kommen. Schnell merken wir jedoch, dass anscheinend 70-90 Prozent der Kommunikation nonverbal abläuft und wir kommen zurecht. Kurz nach unserer Einreise in Polen bittet uns die Schaffnerin die Türen nachts zu verschließen, denn immer wieder kam es vor, dass während einiger Nacht-Stopps Überfälle auf die Abteile stattgefunden hatten. Im Jahre 2008 wurden sechs Überfälle auf den Minsker Kurswagen registriert. Auch, wenn es in den letzten Monaten nicht mehr vorgekommen ist, gilt: „Safety First".

Kurz vor der polnisch-belarussischen Grenze wird man von Sweta freundlich durch Türklopfen und ein schallendes „Granitza" geweckt. Nun ist Zeit für „Stufe zwei" der Einreisebestimmung, dem Ausfüllen der Migrationskarte. Dies ist eine kleine etwa Din-A6 große Doppelkarte, in der die gängigen Personalien nebst Visum- und Reisepassnummer sowie Grund der Einreise aufgeführt werden. Ein Doppel wird bei der Einreise an der Grenze festgehalten, die andere Hälfte mit einem Einreisestempel versehen und muss bis zur Ausreise stets bei sich geführt werden. Obwohl es keine Reisepassmitführpflicht für Ausländer in Belarus wie auch in der Russischen Föderation gibt, dies aber fälschlicherweise häufig erwähnt wird, können wir empfehlen, die Migrationskarte samt Reisepass stets bei sich zu führen.

In Terespol steigen dann die polnischen Grenzer zu. Nachdem die Kontrolle in der Regel schnell vonstattengeht, verlässt man die Europäische Union und die belarussischen Grenzer steigen zu. Zunächst werden alle Pässe eingesammelt, dann folgt ein für uns ungewohntes Prozedere: Verschiedene Beamte in Uniform mit ernsten Mienen und impliziertem Misstrauen werden aufmerksam ins Coupé treten und alles ganz genau inspizieren. Es gilt die Faustregel: Je größer der Hut, desto höher der Rang.

Auch dies werden Sie problemlos überstehen.

Seit dem 1. Oktober 2000 besteht für Ausländer und Staatenlose eine Krankenversicherungspflicht in Belarus. Hat man bei den großen Krankenversicherern bereits eine Auslandskrankenversicherung abgeschlossen, empfiehlt es sich, die Police und eine kurze russischsprachige Bestätigung bei sich zu führen. Ansonsten kann es mangels englischen oder deutschen Sprachkenntnissen der Versicherungsverkäuferin im Zug zu unergiebigen Diskussionen kommen. Jedoch stellt auch dies eigentlich kein Problem dar, denn eine Versicherung für 14 Tage kostet etwa 7 US-Dollar, für ein Jahr etwa 85 US-Dollar. Da Touristen in der Regel keine Rubel bei der Einreise bei sich führen, wird der Versicherungsbetrag faktisch in Dollar oder Euro fällig. Böse Zungen behaupten: „Devisen für Belarus"? Bei etwa 4500 - 5500 deutschsprachigen Einreisen pro Jahr in die Republik Belarus wohl nicht wirklich.

Kurz darauf werden die Pässe samt Migrationskarte wieder ausgeteilt und „Stufe zwei" ist erledigt. Gehen Sie nach dieser Aktion wieder zu Bett, werden Sie das spannende Umspuren verpassen. Denn wiederum kurz nach der Grenze erfolgt das Umspuren auf die russische Breitspur. Obwohl das reine Umspuren nur rund 20 bis 30 Minuten dauert, wird der Zug einen längeren Aufenthalt haben. Ebenso auch am Bahnhof der Festungsstadt Brest.

Exkurs: Festungsstadt Brest

Erstmals ins europäische Licht rückte Brest wohl 1918. Damals noch Litauisch-Brest, besser bekannt als Brest-Litowsk, unterzeichneten Paul von Hindenburg und Erich Ludendorff dort den Friedensvertrag zwischen

Sowjetrussland und dem Deutschen Reich, in dem beide ihre Vorstellungen hinsichtlich einer territorialen Neugliederung der ehemals russischen Gebiete durchsetzen konnten. Erstmalig urkundlich erwähnt wurde Brest 1019. Von 1349 bis 1795 gehörte die Stadt zum Großfürstentum Litauen und war später Hauptstadt der gleichnamigen Woiwodschaft. Nach der dritten Teilung Polens kam Brest 1795 unter russische Herrschaft. In den Jahren 1836 - 1842 wurde zur Sicherung der damaligen Westgrenze des russischen Reichs am Zusammenfluss der Flüsse Muchawez und Bug die Brester Festung errichtet. Die später modernisierte und erweiterte Anlage sollte Angreifern den Weg ins Landesinnere versperren. Sie gilt als größte Festungsanlage des 19. Jahrhunderts im Russischen Reich. Für den Festungsbau wurde Brest um ca. zwei Kilometer nach Osten „verschoben". In der Praxis bedeutete dies die nahezu vollständige Zerstörung der Stadt zugunsten militärischer Belange. Seit 1991 gehört Brest zur Republik Belarus.

Wenn Sie mit dem Zug bis Minsk fahren, sollten Sie sich unbedingt zwei Tage Zeit nehmen, um die historische Stadt Brest mitsamt ihrem artenreichen UNESCO-Naturschutzgebiet „Belaweschskaja Puschtscha", in dem noch Wisente und Bären leben, zu besuchen.
Nach etwa zwei Stunden Aufenthalt am Grenzbahnhof Brest wird der Kurswagen rund zwei Stunden später am Zielbahnhof Minsk einfahren. Innerhalb der nächsten drei Werktage gilt es nun die dritte Stufe der Einreisebestimmungen zu „erklimmen", dies bedeutet: die Registrierung bei der zuständigen belarussischen Innenbehörde. Hat man ein Hotel gebucht, übernimmt dies in

der Regel das Hotel kostenfrei. Ist man als Individualtourist unterwegs, fragt man am besten bei der Miliz nach der örtlichen Registratur. Je nach Reisegrund wird eine kleine Gebühr von drei bis sieben Euro fällig. Im Fall des Verlustes der Migrationskarte sollten Sie sich bitte sofort an die nächstgelegene belarussische Ausländerbehörde oder an die deutsche Botschaft wenden.

Während der Fahrt von Brest nach Minsk haben Sie die Möglichkeit einen Eindruck vom Land zu bekommen, der in keinem Länderbericht stehen wird. Von den Weiten der Kartoffel- und Kornfelder werden Sie vielleicht schon gehört oder gelesen haben, aber auch von den vielen Störchen? Von geschätzten 7000 Schwarzstorchbrutpaaren weltweit leben etwa 1000 Paare in Belarus. Hinzu kommt, dass die weltweit größte Population an Weißstörchen auch nach der Tschernobylkatastrophe noch in Belarus nistet.

Belarus ist ein Land der Gegensätze: Diktatur (?!) im demokratischen Europa, Pufferstaat zwischen West und Ost oder russisch-belarussischer Unionsstaat, reichhaltige Flora und Fauna trotz größerer Landverluste durch Kontaminierung, Russisch oder Belarussisch, Groteske oder Historie? All das sind Fragen und Stichpunkte, die sich um die Thematik „Belarus" ranken und auf die Metafrage zulaufen: Belarus oder Weißrussland? Ja was denn nun?

Der belarussische Nationaldichter Janka Kupala (1882 -1942)
schrieb einst über sein Volk folgendes Gedicht:

Wer geht denn dort?

Wer geht denn dort, wer geht denn dort,
in so riesengroßer Schar?
- Die Weißrussen.

Und was tragen Sie auf mageren Schultern,
auf blutigen Händen, auf Füßen in Bastschuhen?
- Ihr Unrecht.

Und wohin bringen sie dieses ganze Unrecht,
und wohin tragen sie es zur Schau?
- In die ganze Welt.

Und wer lehrte sie, diese vielen Millionen,
ihr Unrecht vorzubringen,
weckte sie aus ihrem Schlaf?
- Das Elend, der Kummer.

Und was, was wollen sie,
diese ewig Verachteten, die Blinden, Tauben?
- Sie wollen Menschen genannt werden.

Nun doch Weißrussland? Was denn jetzt genau?

„... ach so, Weißrussland!"

Karoline Spring, Nina Reuter und Oliver Kempkens

Schon Janka Kupala beschreibt in seinem Gedicht „Wer geht denn dort" die Belarussen als ein Volk, das viel aushalten musste, als ein Volk, das untertänig und fleißig seine Arbeit verrichtete und jeder Einzelne sich dabei einfach nur danach sehnte, Anerkennung als Mensch zu finden. Nun leben wir in einer Welt, in der alles gerastert und eingeordnet werden soll, so auch das Land zwischen Polen und Russland. Aber wie heißt es denn jetzt korrekt: Belarus, Weißrussland, Belorussland oder gar Weißruthenien? Die letzten beiden Begriffe kann man getrost den ideologischen Regimen des 20. Jahrhunderts zuschreiben, denn das Land zwischen Polen und Russland wurde in der DDR im Sprachgebrauch „Belorussland" und während der Okkupation des Deutschen Reichs „Weißruthenien" genannt. Es bleiben also die Namen „Weißrussland" sowie „Belarus" übrig. Seit Anfang des 19. Jahrhunderts wurde Belarus ins Deutsche als „Weiße Rus" doch recht ungenau übersetzt, denn „bely" könnte als Adjektiv zwar mit „weiß" übersetzt werden, es könnte jedoch auch - da der Name aus dem Mittelalter stammt - vielleicht sogar richtigerweise im Sinne von „bely" als „westlich" übersetzt werden. Dennoch entwickelte sich in der kleinen Kaste des vorwiegend polonisierten Adels am Anfang des 20. Jahrhunderts ein pränationales Bewusstsein. Die bäuerlichen Untertanen, die indes in ihren traditionellen Sprach- und Religionsgemeinschaften blieben, und auf dem Land lebten, nannten sich in der Regel schlichtweg „die Hiesigen" (Tutjeßche). Insbesondere die rigide revisionistische „Geschichtsverklitterung" im russischen

Zarenreich unter Katharina der Großen (die Archive vernichten, umschreiben und abtransportieren ließ) und des sowjetischen Vielvölkerstaats (der einen Reset der Geschichtsschreibung auf „Null" im Sinne von 1917 setzen wollte) sorgte dafür, dass zeitgenössische Dokumente mit Ausnahme in wenigen Archiven (wie beispielsweise in Wilna / Litauen) nicht existieren.

Zwischenstaatlich wird heute der in der Verfassung verankerte Name „Belarus" verwendet. Die Bewohner sagen: „Belarus ist ein Scherz, der erst zwanzig Jahre existiert." Allein, ein Blick auf die historische Landkarte zeigt, dass auf dem heutigen Territorium der Republik Belarus auch in früheren Jahrhunderten „Etwas und Jemand" existierte.

Wir nähern uns der Frage „Ja, was ist eigentlich Etwas?" über die Kultur. Man kann davon ausgehen, dass Sprache und Bräuche ein Kernfundament für einen Staat bilden. Seit 1991 besteht ein unabhängiger Staat, aber viele kulturelle Merkmale teilt man sich mit Russland oder der Ukraine. Hinzu kommt, dass sich die historische Betrachtung der eigenen Geschichte erst ab dem Jahre 1921, nachdem die Sowjets in Minsk die Universität eröffneten, entwickelte. Schulbücher zur weißrussischen Geschichte gab es nicht. Erst 1963 gab es ein Geschichtsbuch, das für den Schulunterricht geeignet war und sich etwas mit der eigenen Geschichte befasste.

Identitätsfiguren für die breite Masse gab es nur wenige. Eine der wenigen ist sicherlich Franzischak Skaryna: Geboren Ende des 15. Jahrhunderts in der weißrussischen Stadt Polozk war er der erste Buchdrucker Weißrusslands, ein Gegenpol zum deutschen Erfinder des Buchdruckes Johannes Gutenberg. Skarynas Übersetzung der Bibel ins Ruthenische (alt-weißrussisch) hatte weit reichende Folgen, insbesondere für das Selbstverständnis der weißrussischen Sprache.

Die Entwicklung einer eigenen nationalen Identität ist nur rudimentär erkennbar. Die Gründe hierfür sind vielfältiger Natur, lassen sich aber mit einem Blick auf die Geschichte Weißrusslands gut verstehen. Durch die gesamte weißrussische Geschichte zieht sich - bis auf wenige Ausnahmen - eine Unterdrückung der Bevölkerung. Diese war häufig Spielball der Mächtigen.

Erstmals erwähnt werden die Gebiete des heutigen Weißrusslands in der ältesten ostslawischen Chronik, der sogenannten Nestorchronik, in welcher der Gründungsmythos der Kiewer Rus nacherzählt wird. Im 12. Jahrhundert von einem Abt des Wydubickij-Klosters verfasst, zählt sie zur ältesten bekannten russischen Geschichtsschreibung. In der Chronik wird berichtet, wie im 9. Jahrhundert ostslawische Stämme in die Gebiete des heutigen Weißrusslands einfielen. Dadurch entstand mit den von Skandinavien her eindringenden Warägern ein, wenn auch noch recht loser Herrschaftsverbund. Bei den normannischen Warägern handelte es sich um Krieger und Händler, denen es primär um die Erschließung neuer Handelswege zu den orientalischen Märkten ging.

Die Kiewer Rus erreichte ihre Blütezeit im 11. und frühen 12. Jahrhundert, zur selben Zeit wurde das orthodoxe Christentum „Staatsreligion". Später setzte unter Jaroslaw dem Weisen ein beeindruckender Entwicklungsprozess ein: Erstmalig wurde eine Rechtssammlung, die sogenannte „Russkaja Prawda" (Russisches Recht), kodifiziert. Kiew war nunmehr auf dem Höhepunkt seiner Macht und seines gesellschaftlichen Glanzes angelangt; die „Kiewer Rus" als

Großreich und Vorläuferstaat auf dem heutigen Territorium Russlands, der Ukraine und Weißrusslands war gegründet.

Mit der Eroberung Kiews durch Andrej Bogoljubskij im Jahre 1169 begann das Zeitalter der Teilfürstentümer. Für das weißrussische Territorium bedeutete das die Entstehung von mehr als 10 größeren Fürstentümern. Als das stärkste unter ihnen erwies sich das litauische Fürstentum. Das Großfürstentum reichte um 1400 von der Ostsee bis zum Schwarzen Meer und war militärisch eine konstante Stärke im östlichen Europa. Der litauische Herrscher Gediminas förderte den Handel mit den Reichen zu beiden Seiten seines Fürstentums, sodass viele weißrussische Städte dank ihrer Mittellage florierten und sich kulturell entfalten konnten.

Gegen Ende des 13. Jahrhunderts kam es unter Wladislaw II. zur polnisch-litauischen Union. Hierbei handelte es sich um ein sehr komplexes Verhältnis, bei dem der litauische Großfürst weiterhin seinem Fürstentum vorstand und auch die staatsrechtliche Selbstständigkeit erhalten blieb. Gleichzeitig begab er sich dennoch in eine Abhängigkeit zur polnischen Krone.

Im Laufe der Jahre gelang es Moskau die ostslawischen Territorien des litauischen Großfürstentums zu erobern.

Im Jahre 1569 entstand die Lubliner Union, durch welche das weißrussische Gebiet mit sofortiger Wirkung direkt der polnischen Krone unterstand. Die orthodoxen Gläubigen - egal welcher sozialer Gruppen - wurden gegenüber dem polnischen katholischen Adel benachteiligt. So wurden orthodoxe Adelige von Staatsämtern ausgeschlossen. Dennoch war die Städteentwicklung glanzvoll, der Handel florierte und nach mitteleuropäischem Vorbild wurde das Magdeburger Städterecht eingeführt. Doch noch immer hatte die nordrussische Rus die weißrussischen Gebiete im Blick. Letztlich übernahm Moskau diese Gebiete. Der orthodoxe Glaube wurde Staatsraison. Abgeschafft wurde auch das Magdeburger Stadtrecht; von nun an galt der russische Gesetzeskodex. Später wurde auch der Gebrauch der weißrussischen Sprache verboten.

Im 19. Jahrhundert war das nunmehr zaristische Russland auf dem Vormarsch. Europa wurde währenddessen von Napoleon überrannt, der auf seinem Marsch nach Moskau mit der „Grande Armée" auch durch weißrussisches Gebiet marschierte. Es war für Weißrussland der Auftakt einer neuen Welle der Fremdbesatzung von Grodno bis Gomel.

Exkurs Gomel und Grodno

In einem an Wäldern und Seen reichen Land gilt Gomel unter den großen Städten als die sogenannte „grüne Oase". Mit etwa 500.000 Citoyens ist Gomel die zweitgrößte Stadt in Belarus und liegt im südöstlichen Teil des Landes nahe der ukrainischen Grenze. Dabei stellt Gomel einen wichtigen Verkehrsknotenpunkt für das Schienennetz dar, von dem aus viele Züge in die Ukraine und die Russische Föderation fahren.

Als „grüne Oase" wird die Stadt deshalb bezeichnet, weil das Stadtbild von unzähligen Parks und Grünanlagen geprägt ist. Der beliebteste ist wohl der Schlosspark des Rumjantsew-Paskewitsch-Palastes. Die russische Kaiserin Katharina II. schenkte dieses alte Landgut 1774 dem Generalfeldmarschall Pjotr Rumjantsew für seine Verdienste im Krieg gegen das Osmanische Reich. Rumjantsew hat einige bauliche Veränderungen vornehmen lassen, das bestehende Landgut wurde abgerissen und ein neuer Palast errichtet. Ebenso ließ er einen beeindruckenden Gartenpark planen. Durch den Sohn des Marschalls kam in unmittelbarer Nähe zum Palastgelände später noch die klassizistische „Peter-und-Paul-Kathedrale" hinzu.

Gomel wurde im Krieg stark zerstört und danach unter sowjetischen Vorgaben wieder aufgebaut. So kombiniert es heute auf eine ungewöhnliche Art, sowjetischen Musterbau mit Zeugnissen der Baukunst vergangener Jahrhunderte.

Jedes Jahr im September findet der „Soschskj Chorowod", ein choreographisches Tanzfestival, statt. Dort werden Trachten- und Volksbühnentänze, klassische Tänze sowie sportliche Balltänze aufgeführt. Großer Beliebtheit erfreut sich, über die Landesgrenzen hinaus, auch das „Gitarrenfestival", welches regelmäßig gegen Jahresende stattfindet.

"Grodno ist die schönste Stadt der Welt!", versuchte uns ein Mitreisender auf dem Weg von Berlin nach Minsk zu überzeugen. Der Beschluss Grodno zu besuchen, war gefasst. Mit dem Zug fährt man etwa 300 km, sieben bis acht Stunden bis nah an die Grenzen zu Polen und Litauen. Nach einer strapaziösen Fahrt entschädigt der herrliche Blick über die schon von Hoffmann von Fallersleben im Deutschlandlied erwähnte Memel (Нёман / Njoman), die die Stadt in zwei Teile teilt.

Auf den während des Sommers herrlich grünen, von Butterblumen gelb getupften Hügeln erhebt sich zu beiden Seiten die 1128 erstmals erwähnte Stadt Grodno (Гродна / Hrodna). Die Altstadt mit ihren pastellfarbenen kleinen Häuschen, den vielen reich verzierten Kirchen, der leerstehenden Synagoge, dem alten Feuerwachtturm (1912) im Jugendstil, einer Museumsapotheke von 1709 und dem alten (auch oberes Schloss genannt, erbaut Ende des 14. Jahrhunderts) sowie dem neuen Schloss im dreiflügligen Barockstil (erbaut zwischen 1737 und 1742) auf der Nordseite des Flusses versetzt den Besucher in alte Zeiten.

Demgegenüber stehen die Neubauten des dramaturgischen Theaters sowie der Eingangsbogen zum ehemaligen jüdischen Ghetto in Minsk. Nach einer Tour durch diese beeindruckende Stadt ist festzustellen, dass unser Mitreisender verständlicherweise allen Grund hat, stolz auf seine Heimatstadt zu sein.

Ende Exkurs

Der Unmut blieb in den Folgedekaden nicht aus, aber außer dem gescheiterten polnischen Januaraufstand von 1863/64 (ein Versuch zur Erlangung der Selbstständigkeit) blieb es friedlich. Mit Ausnahme einer sehr kleinen Schicht von Intellektuellen war der deutlich größere Teil der weißrussischen Bevölkerung analphabetisch und lebte in Armut.

Im ersten Weltkrieg besetzten die Deutschen weißrussisches Gebiet. Am 25. März 1918 geschah in Minsk jedoch Historisches: Die weißrussische Volksrepublik wurde ausgerufen und eine weiß-rot-weiße Flagge als Staatssymbol gestiftet. Jene hatte zwar nur etwa sechs Monate Bestand, gilt jedoch heute im Bewusstsein der Weißrussen als Grundstein eigener nationalstaatlicher Identität.

Mit dem Einmarsch der Roten Armee im Jahre 1919 fand die Weißrussische Volksrepublik ein jähes Ende. Nach einer kurzen Vereinigung mit Litauen kam es im Januar 1921 zum Bündnisschluss mit anderen Republiken als Belarussische Sowjetische Sozialistische Republik (BSSR) zur UdSSR. Die östlichen Gebiete wurden der Sowjetunion zugeschlagen, der Westen ging an den neu gegründeten polnischen Staat. Was im zaristischen Russland undenkbar war, prägte die ersten Jahre der belarussischen Sowjetrepublik: Bis in die 30er Jahre des 20. Jahrhunderts, als der stalinistische Terror auch Weißrussland erreichte, war die UdSSR im Umgang mit weißrussischen Traditionen erstaunlich „liberal". So wurden die weißrussischen Traditionen in den nunmehr polnisch besetzten Gebieten seitens der Obrigkeit negiert, im sowjetischen Teil Weißrusslands setzte sich jedoch die Politik der „Weißrussifizierung" durch, in der weißrussische Intellektuelle (Janka Kupala, Jakub Kolas) in den Vordergrund treten konnten, gleichzeitig jedoch zur Linientreue angehalten wurden.

20 Jahre später stand Europa abermals am Abgrund. Glaubte sich das stalinistische Russland am Anfang noch durch den Hitler-Stalin-Pakt, den sogenannten Nichtangriffspakt, in Sicherheit wiegen zu können, musste Stalin im Sommer 1941 schmerzhaft erleben, dass Hitler das „Unternehmen Barbarossa" begann. Hitler brauchte für seinen Zweifrontenkrieg dringend Rohstoffe und Arbeitskräfte. Zum Einsatz kamen die berüchtigten Einsatzgruppen der Sicherheitspolizei (SiPO) und des Sicherheitsdienstes (SD) sowie der SS, die eine gewalttätige Besatzungspolitik betrieben.
Der Anteil der jüdischen Bevölkerung in Weißrussland war vor dem Einmarsch der Deutschen einer der höchsten in

Europa. Durch die Vernichtungspolitik der Faschisten wurde das jüdische Leben in Weißrussland nahezu vollständig ausgelöscht. Die Deutschen betrieben in Weißrussland eine Vernichtungspolitik, die sich gegen die gesamte Zivilbevölkerung richtete. Viele Dörfer wurden niedergebrannt, die Menschen verloren ihr Hab und Gut, wurden als Arbeitskräfte missbraucht, in die Konzentrationslager oder als Zwangsarbeiter Ost ins Deutsche Reich deportiert. Wer entkam, floh in die Wälder. Viele schlossen sich dem Partisanenkampf an, der mit großer Entschiedenheit auf weißrussischem Territorium geführt wurde. Der Blutszoll, den Weißrussland im 2. Weltkrieg zahlte, war hoch. Die Zahlen schwanken zwischen 25 und 35 Prozent Opfern unter der Gesamtbevölkerung. Hinzu kommt, dass alle großen Städte zerstört wurden.

1945 befreite die Rote Armee Weißrussland. Russische Zuwanderer wurden in das entvölkerte Weißrussland entsendet, um dort beim Wiederaufbau zu helfen. Militärstrategisch wurde Weißrussland als westlichstes Territorium für den Kreml von großer Bedeutung.
Für Aufregung und Proteste sorgte die Entdeckung der Massengräber von stalinistischen Opfern in Kuropaty bei Minsk, und auch der Reaktorunfall in Tschernobyl wurde der russischen Führung angelastet, doch erst mit der friedlichen Auflösung der Sowjetunion im August 1991 kamen die Weißrussen eher zufällig zu ihrem eigenen Staat. Erster belarussischer Präsident war Stanislau Schtschkewitsch. Doch der Transformationsprozess gestaltete sich für Belarus schwierig. Es gab keine Elite, die sich einbringen konnte, und auch keine zivilgesellschaftlichen Strukturen, die nötig

gewesen wären. Dafür lächelte man über die erste Währung des kleinen Staates „dem Hasen". Ganz Russland und viele Touristen liebten ihn. Es gelang der ersten Regierung nicht, Belarus auf wirtschaftlichen Kurs zu bringen: Die Lage verschlechterte sich und mit ihr betrat ein Mann die politische Bühne, der Belarus bis heute regiert: Alexander Lukaschenko. Im März 1994 erhielt Belarus eine neue Verfassung als Präsidialrepublik und bei den unmittelbar darauf folgenden Wahlen gelang Lukaschenko der Sieg über seine Kontrahenten. Ein Jahr später schaffte Lukaschenko die weiß-rot-weiße Flagge der Unabhängigkeit, die seit 1991 die BSSR-Flagge ersetzte und an die erste Unabhängigkeit 1917 erinnerte, wieder ab. Die Flagge folgt wieder stärker dem Aussehen der weißrussischen Flagge aus der Sowjetzeit. Das dekorative Muster am linken Rand ist ein traditionelles weißrussisches Muster. Die Farbe Rot symbolisiert das Blut, das zur Verteidigung der Heimat vergossen wurde und die Farbe Grün die Wälder des Landes.

Keine zwei Jahre später gab es erneut eine Verfassungsänderung mit umfassenden Rechten und Vollmachten für den amtierenden Präsidenten. Seit Lukaschenko das Land regiert (mit Erfolgen im Wirtschaftssektor, aber mit Defiziten in Sachen parlamentarischer Demokratie), ist Belarus ohne Zweifel innerhalb der GUS-Staaten das Land, in dem die Erinnerung an die Sowjetunion am lebendigsten ist. Belarus befasst sich auch mit seiner jüngeren Geschichte. Beispiel dafür ist Chatyn, ein von deutschen Faschisten im 2. Weltkrieg niedergebranntes Dorf, das symbolisch für die zahlreichen zerstörten weißrussischen Dörfer steht. Dort hat Leonid

Lewin eine wohl jeden Besucher tief berührende Gedenkstätte mit entworfen. Überragt wird das Gelände von einer riesigen Skulptur, die den Schmied des Dorfes Josef Kaminski zeigt, der seinen toten Sohn in den Armen trägt. Daran schließt sich ein Friedhof der Dörfer mit symbolisch brennenden „ewigen Flammen" an.

"Der sozialistische Realismus in der Literatur wird erst dann ein wahrhaft sozialistischer Realismus sein, wenn es gestattet sein wird, einen Roman mit den Worten zu beginnen:
'Minsk ist die langweiligste Stadt der Welt.' "

Berthold Brecht, 1955

Minsker ABC

von Oliver Kempkens

Ist Minsk tatsächlich so langweilig, wie Brecht behauptet oder war Brecht vielleicht nie in Minsk? Der ehemalige DDR-Schriftsteller Stefan Heym sinniert 1965 in der „Zeit", dass Brecht wohl nie in Minsk gewesen sei. Brecht nutze „sein Minsk" einzig wie ein Sezuan oder Mahagonny - einen Ort, aus der Phantasie geboren, um einen Gedanken zu demonstrieren. Für Heym ist Minsk keinesfalls langweilig.

Dennoch erhielt Minsk erst durch Brechts Sentenz in der deutschen Literatur einen Platz, der noch bis ins Heute hineinragt. Der Minsker Schriftsteller Artur Klinau erinnert sich in seinem Buch „Minsk - die Sonnenstadt", dass Minsk während seiner Jugend stets sonnendurchflutet gewesen war.

Wie auch immer. Bei meinen persönlichen Reisen nach Minsk wurde ich bisher noch immer von Sonnenstrahlen empfangen, sodass ich retrospektiv den Eindruck habe, als hätte Minsk in der Sonne eine gute Partnerin. Gleichwohl, wer Moskau und seine Lomonosov Universität, den Nevski Prospekt in Sankt Petersburg oder die alte Stalinallee in der ehemaligen Sowjetischen Besatzungszone in Ostberlin kennt, der fühlt sich in Minsk durch seine neoklassizistischen und neogotischen Elemente - auch, wenn sich die Sonne wider Erwarten einmal verstecken sollte - „Herzlich Willkommen".

Unser ABC soll Licht ins Dunkel bringen, denn schließlich ist - wie schon Wolfgang Büscher bei seiner Wanderung von Berlin gen Osten feststellte - Minsk ein Ort, an dem „der Mythos der Sowjetunion" noch erfahrbar ist.

Ansprachen des Präsidenten bzw. Reden des Präsidenten

Alexander Lukaschenko ...

... finden in aller Regel in Minsk an seinem Amtssitz gegenüber dem Oktoberplatz an der Karl-Marx-Straße 38 oder in seiner Privatresidenz in Drosdy statt. In Zeiten der Krise erwähnt „unser Vater" gern, dass die Krise von außerhalb käme, denn „Belarus habe keine Krise", es sei nicht das Problem der Belarussen; nicht die Krise seines Landes! Neben eigenwilligen Blickwinkeln zeichnen sich die Reden durch ungeahnte Spontaneität aus. Redet der Präsident anfangs meist zielstrebig, unterstützt durch Manuskripte (und vermutlich Teleprompter), verliert sich der rote Faden gegen Ende zusehends - eben ohne Manuskripte. Ein Erlebnis bleibt der Auftritt des Präsidenten jedoch allemal!

à Residenz des Präsidenten der Republik Belarus, ul. Karl-Marxa 38
à Privatresidenz irgendwo in Drosdy, Zentralrajon, Station Masjukowschtschina

Bezirke oder besser: Stadtbezirke

Minsk ist in neun Stadtbezirke gegliedert. Die Minsker Stadtbezirke sind in guter alter Gewohnheit nach sowjetischen Größen oder Begrifflichkeiten benannt und zentralistisch geprägt. So erreicht man Minsk via Flugzeug über den im Bezirk „Oktober" gelegenen Flughafen (Oktober, als Synonym für die Oktoberrevolution - damals als Alles begann). Wie damals, so ist dieser Bezirk auch heute das Tor zum (post-)sowjetischen Minsk. Der Zentralbahnhof liegt übrigens im selben Bezirk.
Im Fabrikbezirk „Sawodski" (ehemals „Stalinbezirk") und im Arbeiterviertel „Partisanski" liegen die größten

Industriekomplexe (Minsker Traktorenwerke, Minsker Automobilwerke, usw.), im „Sowietski"-Bezirk sind die „zentralen Einkaufsgelegenheiten" wie der Hauptmarkt (Kamarowka) und das Zentralwarenhaus (ZUM) zu finden. Bildungs- und Verwaltungseinrichtungen liegen in „Perwomaiski" sowie recht metropolitisch im Bezirk „Moskau", dessen Bezeichnung als Hauptstadt der Allunionsbürger die administrative Wichtigkeit unterstreichen soll. Die Staatsführung residiert ideologisch an der Basis im „Leninskibezirk". Kirchen, Museen und weitere Kultureinrichtungen befinden sich für jedermann (namentlich) zugängig im „Zentralbezirk". Große Neubaugebiete sieht man im größten Stadtbezirk „Frunsenski".

Städteplanung in der ehemaligen Sowjetunion will gelernt sein und ist ohne ideologische Vorbildung nahezu unmöglich!

Chruschtschows Mikrorayone

Unter Chruschtschow verschob sich das Herz der Stadt im Zuge des Massenwohnungsbaus vom Zentrum auf den Mikrorayon. Dieser sollte ein vollumfänglich ausgestattetes Wohnviertel sein, gebaut mit fünfstöckigen Plattenbauten und den dazugehörigen Versorgungseinrichtungen. Weil die Städte dem Ansturm der Migranten vom Lande nicht standhalten konnten, wurde unter Breschnew begonnen, am äußeren Stadtring (bspw. Maly Trostenez, Bezirk „Sawodski") triste Wohnsiedlungen mit monotonen Hochhäusern (meistens mehr als fünf Stockwerke) zu bauen, die heute teils den Eindruck anonymer Trabantenstädte vermitteln könnten.

à Maly Trostenez, Metro „Mogiljowskaja“, dann mit dem Bus (bspw. 9, 9a, 21, 61, 72, 93) ul. Selizkowo, etwa 5-10 Minuten Fußweg

Dserschinski, Felix Edmundowitsch

Gegenüber dem KGB-Gebäude ist ein kleiner Park angelegt, der mit seinen sauberen und modernen Sitzbänken dem Flaneur die Möglichkeit zu einer kurzen Rast bietet. Der interessierte Stadtbesucher wird die Sonne genießen und nach Momenten der Ruhe schnell eine Büste mit Kinnbart entdecken. Es ist die Büste Dserschinskis. Felix Edmundowitsch Dserschinski, Gründer des gefürchteten Geheimdienstes „Tscheka“ (aus dem schließlich der GPU, der NKWD, der KGB und schlussendlich der heutige, russische FSB entstand), trug den Beinamen „eiserner Felix“.

In Anbetracht der Geschichte sowie der keinesfalls ausnahmslos humanitären und respektvollen Politik der Bolschewiki, erfolgte eine zumindest diskussionswürdige Aufstellung des Denkmals am Prospekt der Unabhängigkeit.

Sollte der aufmerksame Leser jetzt konsequenterweise denken, dass Dserschinski-Denkmäler möglicherweise im Rahmen der Entstalinisierung aus dem Stadtbild verschwunden sein könnten, so müsste man ihm zustimmen. Denn in Moskau wurde Dserschinskis Denkmal vor dem berüchtigten Geheimdienstgebäude, der „Lubjanka“, entfernt - wie auch in den meisten anderen russischen Städten. In Belarus wurden die Leistungen Dserschinskis gleichwohl stets geschätzt und honoriert: Zuletzt 2006 mit der Aufstellung des dritten Denkmals in Belarus vor der Minsker Militärakademie. Das erste Denkmal steht in der Stadt

Dserschinsk, unweit seines Heimatdorfes Iwanjetz, das dritte
- wie bereits erwähnt - gegenüber dem KGB.

Während der verschneiten Wintermonate trägt das
Dserschinski-Denkmal - ironischerweise - stets eine „weiße
Weste".

à Prospekt Nezavisimosti 18, gegenüber vom KGB

Eishockey …

… ist in der Republik Belarus beliebt. Die stärkste nationale
Mannschaft ist die Hauptstadtkomanda des HC Dynamo
Minsk, die auch 2009 den altehrwürdigen Sprengler-Cup (den
HC Davos im Finale) gewinnen konnte. Gespickt mit
ausländischen Stars (unter anderem immer wieder aus
Kanada, Finnland und Tschechien) erzielt der HC in der
kontinentalen Liga, das ist eine Liga bestehend aus Teams aus
Lettland, Russland, Kasachstan und Belarus, auch dort
regelmäßig achtbare Ergebnisse.

Lukaschenkos Liebe zum Eishockey ist es zu verdanken, dass
Belarus die Eishockey-Weltmeisterschaft 2014 ausrichten
darf. Bis dahin sollen in Belarus noch sage und schreibe 28
neue Eisstadien aus dem Boden gestampft werden. Dabei soll
die Weltmeisterschaft ausschließlich in Minsk in den eigens
für die WM gebauten Arenen „Minsk" und „Chizhovka"
stattfinden. Für eine Nation, die noch Antworten auf andere
Fragestellungen bezüglich Alkoholismus, Integration in die
EU, sinkende Löhne und steigende Inflation zu suchen hat, ist
dies ein mutiges Projekt.

Allerdings bietet das Eishockey eine Möglichkeit, den

Präsidenten hautnah und vis-á-vis zu erleben. Die neujährliche kostenfreie Eröffnungsgala des Amateur-Eishockeyturniers (im Volksmund „Senioren-WM" genannt) im Sportpalast Minsk bietet hierfür eine ausgezeichnete Gelegenheit, Lukaschenkos Redefertigkeiten und Eishockeyfähigkeiten aus nächster Nähe zu bewundern. Es wird dabei nicht überraschen, dass bei dem Nationenturnier das Team Belarus nicht unter seinem Landesnamen antritt, sondern unter dem Namen „Team des Präsidenten der Republik Belarus, Alexander Grigorewitsch Lukaschenko". Gespielt wird übrigens um den „Preis des Präsidenten der Republik Belarus, Alexander Grigorewitsch Lukaschenko".

à früher Dvoretz Sporta (Metro „Njamiga", Prospekt Pobediteli), seit 14.01.2010 Sportpalast Minsk (Ul. Narotschanskaja Ecke Prospekt Pobediteli, Station "Masjukowschtschina")

Feste (!) Feiern
Feiern in Minsk lohnt sich. Egal was man feiert, ob Neujahr am 01. Januar, das orthodoxe Weihnachtsfest („Väterchen Frost") am 07. Januar oder den Tag der Unabhängigkeit (Nationalfeiertag!) am 03. Juli: Ganz Minsk feiert, und zwar auf den Straßen. Deshalb sind die Einwohner der Millionenmetropole stets auf der Straße unterwegs. Es spielt auch keine Rolle, wo man feiert. Ob vor dem großen Markt („Kamarowka") oder auf dem Oktoberplatz, egal zu welcher Tages- oder Nachtzeit, die Minsker durchströmen die Stadt. Ihr Treiben wird unterstützt durch die Administration. An zentralen Punkten des Minsker Stadtlebens werden „Flashmobs" durch staatlich inszenierte Laienmusiker samt

Musikanlagen unterstützt. Tanzen, Trinken und Beschenken auf offener Straße sind ausdrücklich erwünscht. Dabei wird selbstverständlich auch auf das Nationalgetränk Wodka nicht verzichtet. An Feiertagen macht deshalb selbst die Miliz eine Ausnahme und nimmt nur wirklich denjenigen fest, der das nationale Glücksgefühl nachhaltig stört.

*à **Belarussische Feiertage (und „Places to be")**: 1. Januar (Neujahr, Oktoberplatz, Vorplatz vor der Nationalbibliothek, vor dem Markt „Kamarowka"), 7. Januar (Russisch-Orthodoxes Weihnachten, Vorplatz vor der Nationalbibliothek), 23. Februar (Tag der Verteidiger des Vaterlandes, Leninplatz), 8. März (Internationaler Frauentag), 15. März (Tag der Verfassung), April/Mai (Russich-Orthodoxe Ostern), 1. Mai (Tag der Arbeit), 9. Mai (Tag des Sieges, Leninplatz, Oktoberplatz), 3. Juli (Tag der Unabhängigkeit, Leninplatz, Oktoberplatz), 2. November (Tag der Erinnerung), 25. Dezember (Weihnachten)*

Geroitscheskij Minsk ...
... oder auf Deutsch: „Heldenhaftes Minsk". Den ruhmreichen Titel der Heldenstadt verlieh die Führung der Sowjetunion, nach dem „großen Vaterländischen Krieg" (2. Weltkrieg), den Städten, die sich besonders vehement und verlustreich gegen die Okkupation der Wehrmacht zur Wehr gesetzt hatten. Neben Minsk wurde diese Ehrung noch Brest zuteil. Insgesamt gab es zwölf weitere Heldenstädte in der Sowjetunion unter anderem: St. Petersburg/ehem. Leningrad, Wolgograd/ehem. Stalingrad, Murmansk, Tula, Moskau usw. und mit Ljubljana sogar eine Stadt im heutigen Slowenien. Minsk wurde beim Angriff der Wehrmacht zu 95 Prozent

zerstört. Zudem gerieten etwa 320.000 Rotarmisten in deutsche Gefangenschaft. Die ehemals größte jüdische Gemeinde der Sowjetunion mit etwa 100.000 jüdischen Einwohnern schrumpfte gen Null. Die meisten wurden ins „Minsker Ghetto" gepfercht und von dort aus in die großen Konzentrationslager deportiert und getötet.

Die Zerstörung der Heldenstadt 1941 machte den Weg zum Aufbau Minsks als sozialistische Musterstadt frei. Bis heute halten sich noch Gerüchte, dass Stalin sich bewusst gegen ein stärkeres Eingreifen der Rotarmisten gewehrt haben soll, damit Minsk dem Erdboden gleich zerstört werden würde, um eine sozialistische Musterstadt bauen zu können.

Der Status der „Geroi-Gerod" Minsk (Heldenstadt) wird neben dem Obelisken am Siegesplatz auch noch durch die großen Leuchtschriftlettern am Prospekt Pobeditlei 23 ersichtlich.

Homo Sovieticus vs. Homo Belarussikus

Der sowjetische Dissident Alexander Sinowjew charakterisierte den Sowjetbürger seinerzeit als etwas naiven Jemanden, der lediglich Dienst nach Vorschrift tue - nach unserem Empfinden würden wir bis jetzt dabei wohl an Beamte denken - doch weiter sei der Homo Sovieticus ein unpolitischer und opportuner Dieb, der Volkseigentum gerne aus eigener oder fremder Zueignungsabsicht entwende.

Nun ist Belarus mitsamt seiner modernen Hauptstadt Minsk recht weit von der (westlichen) Öffentlichkeit abgeschnitten (oder - wie manche ätzend meinen - abgeschottet). Doch Streifzüge durch die Stadt offenbaren buntes, uns unbekanntes Flair: Treffen auf der Straße von Jung und Alt (dieses sympathische Miteinander unterschiedlicher

Generationen ist hierzulande leider unüblich geworden), reges Treiben in den wenigen Internetcafés und alltägliches Flanieren auf den Prachtstraßen, wie zu bestem preußischen Kaiserwetter.

Doch der Homo Belarussikus hat mehr zu bieten: Interesse und Offenheit gegenüber Fremden, ehrliche Gastfreundschaft, Lebensfreude und Altersfitness und - im Gegensatz zu manch russischem Klischee - Fleiß und Tatendrang; möge sich der Leser selbst davon überzeugen!

If you can't make it here, you can make it everywhere
Die Geschichte des weißrussischen Rappers „Seryoga" ist schon recht skurril. In Gomel geboren, rappte sich Seryoga bis in die Landeshauptstadt Minsk - ohne großen Erfolg. Alsbald fand er sich dann auf dem Index wieder. Laut eigenen Aussagen sei er zu „sozialkritisch". Andere wiederum meinen, er sei schlichtweg jemand, der zu sehr dem ausschweifenden Leben frönt. Wie auch immer, geschafft hat er es in der Metropole Minsk jedenfalls nicht.
Daraufhin ging er nach Moskau, St. Petersburg und Kiew und ist seitdem ein Star. Mehrmals schon gewann er den russischen MTV-Award, 2006 komponierte er ein Lied für den russischen Kinoerfolg „Wächter des Tages" und wirbt seitdem sogar für das amerikanische Modelabel „Rocawear".
Mittlerweile reißen sich ehemalige russische Playmates wie Mascha Malinowskaja, die früher übrigens einmal Abgeordnete der Schirinowski-Partei LDPR in der DUMA war, um einen Auftritt des weißrussischen Provinzlings.
So kann es gehen. Frei nach dem „Rat Pack" Frank Sinatra, „if you can't make it here, you can make it everywhere".

Jama und Minsker Ghetto

Die „Grube" (dt. für Jama) stellt eine von drei faschistischen Tötungsstätten in Minsk dar. Über hohe Stufen, vorbei an einer bronzenen Figurengruppe von beklemmender Wirkung, steigen die Besucher hinab an genau jener Stelle, an der deutsche Faschisten während ihrer Besatzungszeit zwischen 1941 und 1944 jüdische Minsker erschossen.

Weitere historische Punkte in Minsk sind Maly Trostenez (im äußeren Stadtbezirk; ehem. Vernichtungslager des Sicherheitsdienstes) und das Minsker Ghetto unweit der Jama. Getreu dem sowjetischen Geschichtsverständnis, dass nur die Sieger Geschichte schreiben, war die Jama lange Zeit kaum bekannt. Kein großer belarussischer Politiker ließ sich dort jemals blicken. Doch als sich 2008 die Gedenkveranstaltung zur „Vernichtung des Minsker Ghettos" zum 65. Mal jährte, hielt Präsident Lukaschenko dort eine Rede. Bis dahin war das Denkmal nahezu vollständig aus dem Bewusstsein der Belarussen verschwunden. Erst durch örtliche sowie transnationale Initiativen und dem Aufbau einer Geschichtswerkstatt zum Minsker Ghetto rückte auch die Jama wieder ins öffentliche Gedächtnis.

Die symbolträchtige Gedenkstätte (nahezu jede architektonische Begebenheit hat ihre eigene Bedeutung) wurde übrigens vom bekannten belarussischen Bildhauer und gegenwärtigen Vorsitzenden des jüdischen Zentrums Leonid Lewin entworfen.

à Jama, ul. Melnikaitje (gegenüber Hausnummern 8 - 14), Metro „Frunsenskaja"

Kuropaty

Der Weg nach Kuropaty führt über den Minsker Ring, nahe der Schnellstraße nach Vitebsk. Bei Ihrem Besuch wird der Bus an einer unauffälligen kleinen Bushaltestelle anhalten.

Zu Sowjetzeiten gab es Gerüchte über dort Vorgefallenes. Das hartnäckigste war, dass hier von 1937 bis 1941 zehntausende Verdächtige vom sowjetischen NKWD hingerichtet wurden, doch die offizielle Doktrin sprach von einer faschistischen Erschießungsgrube.

Bis zum Ende der Sowjetunion versuchte die Führung alles, um Kuropaty in Vergessenheit geraten zu lassen. Zeitzeugen aus den benachbarten Dörfern wurden als „Säufer" stigmatisiert, ein neuer Autobahnring und Gasfernleitungen wurden auf Kuropaty gebaut.

Genutzt hat dies alles nichts. 1988 gab es erste Ausgrabungen an dem Ort, den keiner kennen sollte und schnell wurde klar, hier war das NKWD am Werk. Dank einzelner Mutiger wurde Kuropaty zum Volksdenkmal. Die Zahlen der Toten schwanken von mehreren Zehntausenden bis zu einer Viertelmillion. Immer wieder gab es seitdem staatliche Interventionen der noch jungen Republik, das Denkmal zu vernichten. Von den hunderten Kreuzen aller Glaubensrichtungen, die anfangs noch dort standen, stehen heute noch etwa hundert, bewacht von ein paar Babuschki.

Anerkennung beim gegenwärtigen Ancien Regime findet Kuropaty nicht, obwohl Bill Clinton 1994 eine Sitzbank für einen Moment zum Verweilen errichten ließ.

Heute ist die Bank immer wieder Ziel - wie es heißt - „jugendlicher Vandalen".

à Kuropaty, ca. 1km westlich des Expobels (Tramstation „Seljonij Lug", dann mit dem Bus weiter in westlicher

Richtung über den Minsker Autoring mit dem Bus u.a. 41)

Lebensqualität

„Wie hoch kann die Lebensqualität in einer „Diktatur" schon sein?", fragte ich mich vor meiner ersten Belarusreise selbst. Sicher, die Miliz ist auch in Minsk allgegenwärtig. Auch gibt es ein begrenztes Angebot aller westlich bekannten Annehmlichkeiten. Zudem ist „Wohnen im Osten" nie mit dem Verständnis unseres „trauten Heimes" vergleichbar.

Der Durchschnittslohn betrug 2008 offiziellen Angaben nach etwa 350 USD. Prognosen für 2010 sehnen eine Steigerung auf 500 USD herbei. Für Minsk mag das zutreffen, fürs Umland jedoch nicht.

Die Hälfte des Gehalts „frisst" eine durchschnittliche bis schlechte Wohnung samt Nebenkosten in Minsk, wobei zu bemerken ist, dass eine Menge Minsker ihre Wohnung im Rahmen der Privatisierungen Anfang der 1990er Jahre in Eigentum übernommen haben. Für den Rest kann man günstig seinen Lastern (Rauchen & Trinken) frönen, doch für mehr reicht es nicht. Sicherlich, man kann hin und wieder zum Essen ins Restaurant gehen oder ins Museum. Aber Kleidung & Elektronik, Reisen & Visa, Autos & Haushaltswaren sind ebenso teuer wie in Deutschland. Für etwa zehn Prozent Minsker, die laut Angaben aus hoher Politik mehr als 20.000 USD monatlich zur Verfügung haben, spielt Geld keine Rolle.

Für alle anderen sprießt langsam, aber sichtbar ein junger Trieb einer Subkultur durch das Beton-Fundament postsowjetischer Republikmalaise. Neben Sprayern und dem alternativen Nachtclub „Graffiti" befasst sich unter anderem Artur Klinau (seine Werke werden teilweise auch ins

Deutsche übersetzt) in seinem Kunstmagazin „pARTisan" mit subkulturellen Kunsteinflüssen in der Republik.

Minsker Militärfriedhof
Schon der Begriff „Militärfriedhof" lässt bei vielen Menschen im Geiste die Vorstellung endloser dramatisch-schlichter Kreuz- und Grabplattenreihen erwecken. Anders in Minsk. Die Geschichte des Minsker Militärfriedhofs beginnt mit seinem Bau in den 40er Jahren des 19. Jahrhunderts, seine richtige Geschichte jedoch erst im Jahre 1895, als er vom Beichtvater Pawel Bogdanowitsch der 30. Infanteriedivision geweiht wurde. Neben dem Kalwarijski Friedhof ist er einer der ältesten Friedhöfe der Stadt. 1917 wurde der Friedhof aus der Obhut der orthodoxen Kirche entrissen und verstaatlicht; seitdem können dort Menschen unterschiedlichster Konfessionen beerdigt werden.
Der viergeteilte Friedhof befindet sich auf der Uliza Koslowskaja 11 und ist durch seine vielen Gräber berühmter Persönlichkeiten der Stadt ein interessantes Ausflugsziel. Denn was viele Auswärtige nicht wissen, dort befinden sich, um die kleine hübsche orthodoxe Kirche des Heiligen Alexander Newskowodie herum, prächtige Gräber der Volkshelden und Poeten Janka Kupala sowie Jakub Kolas. Schaut man sich das Gesamtbild an, den ruhigen intimen Ort und genießt das Windspiel der Blätter, so gewahrt man einen bunten liebevoll gepflegten, aber keineswegs traurigen Ort.
Nachts sollen sich jedoch auf dem Gelände zwielichtige Gestalten herumtreiben, so erzählt man sich, und jeder belarussische Gastgeber wird seinem Besuch von einer zu späten Besichtigung abraten.

Njamiga

Im 11. Jahrhundert war am Zusammenfluss der Flüsse Swislatsch und Njamiga das Kultur- und Handelszentrum gelegen. Heute gibt es nur noch den begradigten Swislatsch - und die Straße Njamiga.

Dort, wo sich ehemals das historische Zentrum Minsks (oder Menesk, wie es damals hieß) befand, treffen sich auch heute noch viele junge Minsker zum gemeinsamen „Rumhängen" und Feiern. Der Swislatsch gleicht an lauen Sommertagen einer wahren Partymeile.

Mitten auf der Partymeile befindet sich zudem die „Insel der Tränen". Eines der seltenen, noch in Sowjetzeit erbauten Denkmäler für die Opfer des Afghanistankrieges. Gegenüber der Insel, direkt an der Metrostation, wurde ein Denkmal zum Gedenken der Toten des Bierfestes 1999 errichtet. Als ein Gewitter ausbrach, strömten die Menschen in die Metrostation, um sich unterstellen zu können. Kurzerhand schloss die Metrostation jedoch ihre Pforten und 54 Menschen wurden zu Tode getrampelt.

Warum man sich in der Metro nicht unterstellen sollte, wurde nie thematisiert.

à Metro „Njamiga"

Oktjabrjarskaja/Kastrytschnitzkaja und Palast der Republik

Die Pulsader Minsks ist seine Hauptmagistrale: der „Boulevard der Unabhängigkeit", der Prospekt Nezavisimosti. Der Prospekt ist die Straße, an der sämtliche administrativen Gebäude, Ämter und Institutionen ansässig sind, aber er ist noch mehr. Am Leninplatz beginnt der Prospekt, die sowjetische Schaltzentrale moderner Stadtplanung, der Triumph des Menschen über den menschenverachtenden und unwirtlichen Imperialismus. Dem Besucher wird schnell klar: der Prospekt - das ist Minsk. Dort residieren im typisch russischen Zuckerbäckerstil neben dem Präsidenten und einigen belarussischen Ministerien auch die meisten anderen administrativen Institutionen.

Was bei der europäischen Stadtentwicklung der Marktplatz war, in der griechischen Antike die Polís, ist bei den Sowjets der „Oktoberplatz" an der Magistrale. Bis in die 50er Jahre mit der Statue Josef Stalins versehen, wurde diese unter dem nachfolgenden Regenten konsequent demontiert. Städtebaulich nimmt damit die Bedeutung der Magistrale samt Platz jedoch nicht ab. Wo früher der „Woschd" (der sowjetische Führer) über seinen Schäfchen thronte, steht heute „Lukaschenkos Lampenladen", ein überdimensionierter Partypalast, der Palast der Republik. Wozu Minsk diesen „Sarkophag" neben dem Amtssitz des Präsidenten, dem Parlament und vielen weiteren neogotischen Prunkbauten auch noch braucht, weiß niemand so genau. Offiziell finden hier Shows, Revuen und Konzerte sowie die „allbelarussische Volksversammlung" statt. Wieso und warum diese unbedingt dort stattfindet, konnte den Autoren bis dato nicht erklärt werden.

Fakt ist aber, ein Blick vom Oktoberplatz und man befindet sich mitten im „sowjetischen Freiluftmuseum Minsk".

à Metro „Oktjabrskaja" („Kastrytschnitzkaja")

Postamt

Schlendert man vom Zentralbahnhof zum Oktoberplatz, kommt man oberhalb des Prospekts Nezavisimosti an Hotels und Gaststätten, Geschäften und Einkaufszentren und auch am Postamt vorbei.

Der kyrillisch verstehende Besucher und Leser ist hier im Vorteil: Sollte Sie das Gefühl des „Das-kenne-ich!" ergreifen, lassen Sie es zu! Höchstwahrscheinlich kennen Sie das Postamt, dieses prächtige Exempel sowjetischer Baukunst, aus den Nachrichten privater Fernsehanstalten. In gut gemeinter Regelmäßigkeit wird auf die Fassade dieses Postamt zurückgegriffen, wenn die Nachrichten rund um die letzte „Diktatur Europas" kreisen.

Sollte Sie hier das Gefühl beschleichen, durch die Presse „an der Nase herumgeführt" zu werden, dann haben Sie Recht!

à Postamt: Prospekt Nezavisimosti 10

Qualitätsmanagement

Bei den ersten Besuchen in Minsker Cafés wird schnell deutlich: Auf (uns bekannte) Zwischentöne wird keinen Wert gelegt. Servicequalität und europäischer Dienstleistungsstandard sind kaum vorhanden.

Obwohl es einige wenige amerikanische Fast-Food-Ketten gibt, herrscht auch dort das Servicechaos; die Quintessenz bleibt: Es schmeckt wie gewohnt. Deshalb kann man getrost und besser die Minsker Cafés und Restaurants aufsuchen, denn diese bieten tolle einheimische Köstlichkeiten in hervorragender Qualität. Dass einem dabei während des Essens schon einmal die Serviette weggenommen wird, der Teller während einer Pause abgeräumt wird oder das Essen nicht gleichzeitig kommt, sollte man mit einem „Lächeln" quittieren, andernfalls bekommt man nur graue Haare.

à Restaurantempfehlungen mit Top-Service (und guter

: *Küche): Expedizija (nordrussische Küche, gehobene Preiskategorie), Restaurant Astara (Aserbaidschanische Küche, günstige Preiskategorie), The Grand Café (Belarussische, Russische und Europäische Küche, gehobene Preiskategorie), Gostiny Dvor (Belarussische, Russische und Europäische Küche, moderate Preise), Gurman (Belarussische, Russische und Europäische Küche, moderate Preise), La crete d'or (Belarussische, Russische und Europäische Küche, westeuropäische Preise), Strawinskij (Belarussische, Russische und Europäische Küche, westeuropäische Preise),*

Recht, Magdeburger Stadtrecht

Während sich Europa im Mittelalter erbitterte Glaubenskämpfe lieferte, bildeten sich immer wieder kleinere Handelszentren heraus. Anfangs - beeinflusst durch den klerikalen oder herrschaftlichen Sitz - entwickelte sich Minsk an den Ufern von Swislatsch und Njamiga ab dem 11. Jahrhundert zu einem Wirtschaftszentrum an der Handelsroute gen Osten.

Beim Versuch den Religionsfrieden zu garantieren, entstanden auf deutschem Gebiet Bestrebungen zur Vereinheitlichung der Rechtsvorstellungen. So kam es, dass der Sachsenspiegel, das Rechtsbuch des Mittelalters, nach und nach vorhandene Rechtsvorstellungen publizierte, so auch das Magdeburger Stadtrecht. In der Folgezeit wurde dieser auch ins Litauische und Polnische übersetzt. Da Minsk 1499 zum Großfürstentum Litauen gehörte und der Sachsenspiegel in Minsk verstanden werden konnte, wurde Minsk im selben Jahr das Magdeburger Stadtrecht verliehen. Das allgemeine Minsker Stadtrecht hatte seine Wurzeln in den Gewohnheitsrechten der Kaufleute, in den von den Grundherren verliehenen Privilegien und von der jeweiligen Gemeinschaft selbst beschlossenen Regeln. Den Minsker Bürgern wurden fortan durch das Stadtrecht die persönliche Freiheit, das Eigentumsrecht, die Unversehrtheit von Leib und Leben und die geregelte wirtschaftliche Tätigkeit garantiert.

à Restaurierte Minsker Altstadt: Metro „Njamiga" auf der anderen Seite des Swislatschs
à Mittelalterliche Katholische Kirche am Leninplatz (Metro „Ploschad Lenina")

Shoppingtipps
Bei einem Herrenausstatter Minsker Art sah ich ein mir bekanntes Orange im Stil einer großen baden-württembergischen Nobelmarke. Bei näherem Hinsehen stutzte ich jedoch: GERRY ROSS? Was aussah wie die deutsche Edelmarke, war die günstige belarussische Version. Nähere Infos unter www.oval.by .
Ungeachtet möglicher urheberrechtlicher Probleme - wo findet man heutzutage noch Klamotten, die in Europa gefertigt, qualitativ okay sind und dazu für ein Zehntel des üblichen Preises?
Kaufen kann der werte Leser Gerry-Ross-Klamotten im ZUM (Zentralkaufhaus) und GUM (Hauptkaufhaus) sowie im Gerry-Ross-Flagship-Store unter dem Leninplatz im „Stolica".
Im Übrigen lohnt sich in Belarus der Kauf von Medikamenten, Postkarten - sofern man welche findet (Tipp: Ansichtskartenset aus der Buchhandlung bzw. manchem Beldrucksojus) - und belarussischem Wodka (Tipp:

„Bulbasch").
Abraten kann man von allen modischen Kleidungsstücken, wie beispielsweise Hemden vermeintlich italienischer Hersteller und im Westen bekannter Markenartikel.

Traktor
8 - 10 Prozent des Weltmarktes bedienen die Minsker Traktorenwerke (MTZ) laut eigenen Angaben. Seit der Gründung 1946 wurden 3 Millionen Traktoren der Marke Belarus produziert, die auch heute - vor allem im Winter - noch allgegenwärtig sind, denn Minsker Traktoren werden zur Stadtreinigung und für den Winterdienst eingesetzt.
Neben Exporten in die GUS-Staaten werden die Traktoren heute sogar bis nach Pakistan verschifft.

à Traktorenwerk, Metro „Tratkorij Sawod"

Universität
Gern erinnere ich mich an meinen ersten Besuch der Staatlichen Universität Minsk (BDU) im August. Wie ich erfahren habe, geht es an der BDU zu dieser Zeit des Jahres hoch her. Tausende Bewerbungen flattern in die ehrwürdigen Räume der Staatsuniversität. Egal welchen Raum man betritt, man sieht junge hübsche Studentinnen und Postgraduierte Papierberge wälzen; das „papierlose Büro" ist hier noch Utopie! Ende September ist der Spuk dann vorbei und die Alumni sind ihren Nebenjob wieder los. Aber Jobaussichten sind auch in Belarus schlecht, weshalb sich die Professoren so gut wie möglich um die Zukunft ihrer Studentinnen und Studenten kümmern.
Hierzu fällt mir folgende Anekdote ein: Als ich seinerzeit mit einem Universitätsmitarbeiter durch die Bildungsstätte

schlenderte, erzählte er mir von der letzten „Graduationsparty". Die jungen Leute hätten kräftig gefeiert; er war mitten unter ihnen. Am nächsten Morgen klingelte in aller Herrgottsfrühe sein Mobiltelefon. In der Leitung war eine völlig aufgelöste Mutter aus einem belarussischen Dorf. Sie wisse nicht, wo ihre Tochter sei. Mein „Kontakt" lachte bei seiner Erzählung laut auf: „Ja, das ist noch immer der sowjetische Geist." Man rufe stets den „Woschd" an. Irgendjemand wird a) schon seine Nummer haben und b) muss er ja verantwortlich sein.

Im Übrigen baut die BDU derzeit nahe dem Zentralbahnhof ein neues repräsentatives Gebäude. Begonnen hat man schon, doch die Bauarbeiten stehen still. Es fehle Geld. Bei einer Inflationsrate von derzeit 8 Prozent ist dies nicht verwunderlich.

à Universität Hauptgebäude mit interessantem Skulpturengarten, Metro „Ploschad Lenina"

Vermählungen und Frauen

So groß die Krise auch ist, die Liebe hat stets Hochkonjunktur. So ist es in Minsk an warmen, sonnigen Tagen nahezu unmöglich, durch die Straßen zu schlendern ohne Hochzeitsgesellschaften zu begegnen. Die „Belarussische Telegraphenagentur" meldet für 2008 neunzigtausend Hochzeiten in Minsk. Allen Berichten über häusliche Gewalt zum Trotze wird in Minsk geheiratet, was das Zeug hält. Um die Liebe ewiglich zu idealisieren, wird vor dem Hochzeitsmahl noch schnell ein Vorhängeschloss, selbstverständlich mit den Namen der Liebenden, an das Brückengeländer zur Insel der Tränen gehängt. Warum gerade dort? Gott weiß warum …

Doch auch ansonsten wissen die weißrussischen Frauen, was sie wollen - oder besser, - was sie nicht wollen. Bis zur Hochzeit (die Metamorphose von „Junggeselle" zum „Ehemann" ist mit vielen Entbehrungen für die weißrussische Frau verbunden!) muss der Mann um die Frau werben. Dazu gehört: Flirten, Beschützen, Einladen, Konfekt und Rosen schenken, stundenlang auf die Dame des Herzens warten, auf den Punkt gebracht gentil sein. Dafür hat die weißrussische Frau auch viel zu bieten: ein klassisches Rollenverständnis, familiäre Bande und absolut überzeugende weibliche Reize (alles unter 12cm Absatz gilt als „Flip-Flop").

Geheiratet wird für westeuropäische Verhältnisse früh: zwischen 18 und 24 Jahren. Darauf folgen Kinder und wenn man als Westeuropäer mit 28 Jahren erzählt, dass man weder verheiratet (oder geschieden) ist noch Kinder hat, gilt man als schwer vermittelbar oder „eiserne Jungfer".

à Haupthochzeitsgesellschaftsausflugsziel: Minsker Altstadt, Insel der Tränen (im Swislatsch, mit Monument zum Gedenken an die Opfer des Afghanistankrieges), Metro „Njamiga"

Wohin, wenn's mal wieder so richtig heiß ist?
An der Njamiga stapeln sich schon die Sonnenanbeter und Wasserratten, obwohl dort das Schwimmen verboten ist. Der Leninplatz ist auch voller Menschen. Aber rund 5 Kilometer nordwestlich der Stadtgrenze befindet sich der 1956 angelegte Saslaujer Stausee, welcher als "Minsker Meer" bekannt ist und über insgesamt rund 10 Kilometer Strandufer verfügt. Er ist vor allem unter Einheimischen ein beliebtes Freizeit- und Urlaubsziel und wird auch für Wassersportaktivitäten rege

genutzt.

Neben entspanntem „Chillen" sollten Sie sich darüber im Klaren sein, dass Sie hier neben dem Staudamm, einem „(Bau-)Denkmal sozialistischer Arbeitskraft" liegen! Genießen Sie es!

à Minsker Ring „MKAD", Nordwestlich, ul. Parkawaja

X-Schema

Frage: Die einzige Metro in Belarus existiert in? Antwort: Richtig, Minsk. Nicht ganz überraschend wurde sie als „X-Schema" geplant und 1984 eröffnet. Das heißt, zwei Diagonale schneiden sich an einem zentralen Punkt in der Stadt (Wo? Richtig. Am Oktoberplatz), an dem man von der blauen Linie namens „Moskau" in die rote Linie „Autowerk" umsteigen kann. Natürlich auch umgekehrt.

Der Einstieg in die Metro erfordert den sogenannten „Tunnelblick". Freiwillig wird beim Einsteigen keiner in die freien Räume des Waggons vorstoßen, deshalb Augen zu und - schieben! Sollten Sie Russisch verstehen, achten Sie auf die Ansage. Wird im Russischen gesagt, dass die Türen geschlossen werden, so wird in Minsk von „eingeklemmten Türen" gesprochen. Die russischen Touristen erkennen Sie bei dieser Ansage am Lächeln auf den Lippen! Gerüchte um den Ausbau der Metro von zwei auf vier Linien halten sich konsequent. Aufgrund der wirtschaftlichen Situation und der fehlenden Devisen ist jedoch nicht sobald mit der Fertigstellung zu rechnen.

Nicht sonderlich erwähnenswert ist wohl, dass die Metro für unseren westlichen Horizont unglaublich schnell fährt und die Stationen regulär extrem weit auseinander liegen.

Youth – die Minsker Jugend / Subkultur

Wandelt man durch die schöne Innenstadt von Minsk, so ist man umgeben von jungen Leuten jeden Alters. Sie spazieren in kleinen Gruppen, zu zweit oder auch alleine durch die Straßen und Parks und genießen ihre Stadt im Sommer wie im Winter. Spazieren ist eines der kostengünstigsten und beliebtesten Hobbys der Minsker. Ehe man sich in eines der wie gewöhnlich überfüllten öffentlichen Verkehrsmittel hineinquetscht und sein weniges, hart verdientes Geld „verpulvert" - auch eine Möglichkeit und zugleich vielleicht auch ein gutes Beispiel für alle westeuropäischen „Cafésitzer und Shoppingsportler".

Jugendliche mit Dreadlocks, alternativer Kleidung, bunten Haaren oder Tattoos fallen hier noch auf und sieht man nicht allenthalben. Sie treffen sich vor Fast-Food-Restaurants, im Park Tscheljuskinzew und im Maxim-Gorki-Park mit ihren vielen Fahrgeschäften sowie am Denkmal des weißrussischen Nationaldichters Janka Kupala in dem nach ihm benannten Park und an der Njamiga. Auf den Wiesen rund um den Fluss Swislatsch, der die Njamiga durchzieht, wird auch gerne abends weitergefeiert. Das wird allerdings spannend, da seit diesem Jahr das Trinken - eine weitere Lieblingsbeschäftigung - jedweden Alkohols in der Öffentlichkeit untersagt ist.

Der Rest des Geschehens verlagert sich in die Diskotheken und Restaurants der Stadt. Besonders beliebte Locations sind das NLO (Uliza Jakub Kolasa 37), Afrika (Uliza Timirjazewa 9), Club Reaktor (Uliza W. Choruschej 29), das Graffiti (Kalinina 16) und der West World Club (Uliza Storoschewskaja 15A), wegen seiner Form auch „Scheiba" (übersetzt: Scheibe) genannt.

Die Eintrittspreise liegen in der Regel zwischen fünf und zehn

Euro. Eine gute Alternative sind auch Partyflyer, die für freien Eintritt oder Gästelistenplätze (teils vor dem Club käuflich) werben. Aber Vorsicht: Fast überall gibt es „Gesichtskontrollen" und Dresscodes von chic bis sportlich. Pumps mit Absatz sind für das weibliche Publikum nahezu flächendeckend Pflicht. Nach eigener Erfahrung kann ein ausländischer Pass bei der Einlasskontrolle jedoch sehr dienlich sein.

Viele der anderen Nachtclubs (um nur einige Beispiele zu nennen: Alcatraz auf dem Prospekt Nesawisimosti 25, Next - Uliza Kirowa 13, The Black Door - Uliza W. Choruschej 29, Belaja Wescha - Uliza Mascherova 17, Madisson Club auf der Uliza Timirjasewa 9 oder das Times direkt unten im Einkaufszentrum "Stoliza") sind eher für das ältere oder solventere Publikum.

Subkulturen im Sinne von illegalen Partys, Sprayern, Punks, Rockern, Breakdancern oder anderen Gruppierungen sind in der Innenstadt kaum zu bemerken und nur schwer aufzuspüren. In der Innenstadt gibt es weder Graffiti noch Straßenmusiker. Selbst die von jungen Leuten gestaltete Gedenkmauer zu Ehren des toten Musikers Viktor Zoi wurde in einen etwas außerhalb liegenden kleinen Park verlegt, um das Stadtbild nicht „zu verunstalten".

Die kulturelle Szenerie erscheint noch wild, jung, ungefestigt und in den Kinderschuhen zu stecken. Gleichzeitig ist sie ein Traum für alle, die von Anfang an dabei sein und Kultur mitgestalten wollen.

Man sollte dabei jedoch versuchen nur möglichst wenig mit dem Gesetz in Konflikt zu kommen, denn die staatlichen Behörden führen ein striktes Regime und lassen herumpöbelnde Künstler auch gerne mal eine Nacht in der Zelle verbringen.

à Club Graffiti: Kalinina 16, Metro „Park Tscheljuskintzew"

ZUM GUM

Sie schwelgen gern in den Erinnerungen der 50er Jahre, als sich die Hausfrauen in Kittelschürzen durch den Pulk zu den Verkaufstresen von Engelien, Boecker und Defaka durchgruben? Dann können Ihnen die Autoren das ZUM (Zentralkaufhaus) oder das GUM (Hauptkaufhaus) empfehlen. Am besten, Sie gehen „ZUM" GUM.

Auf jeweils vier Stockwerken finden Sie alles, was zum Haushalt (und zum Leben!) gehört: Kurzwaren, Haushaltswaren, Schreibwaren, Bekleidungswaren, Leder- und Pelzwaren, Eisenwaren, Schnaps und Festtagspralinés. Was der Unterschied beider Geschäfte sei, mögen Sie fragen? Nun, das ZUM ist eher wie ein Markt gehalten, das GUM wie ein nobles sowjetisches Kaufhaus: Klassizismus, wohin das Auge reicht.

Hier ein paar Kauftipps:

> Emaillewaren! Stabil und hergestellt durch volkseigene Kombinate. Toll!
> Unterwäsche! Serge bietet eine junge Linie für junge Belarussinnen und Belarussen! Adrett!
> Pelze! Denn Pelze wärmen Leib & Seele! Nachhaltig!

Stets gilt dabei: Nichts anfassen! Damit würden Sie gleich zeigen, dass Sie Ausländer sind!

Ach, und falls Sie sich fragen, wo Sie Sportpokale herbekommen? Da bietet das Kaufhaus an der Njamiga ein umfangreiches Angebot. Raumständer für Nationalfahnen gibt's am günstigsten in der zweiten Etage (Schreibwaren) des GUM.

à ZUM: Prospekt Nezavisimosti, Metro „Okjabrskaja"
à GUM: Prospekt Nezavisimosti, Metro „Ploschad Jakub-Kolosa"

Mogiljow oder Mahiloŭ?

von Karoline Spring

Geteilt durch den Dnjepr liegt im Osten von Belarus die Stadt Mogiljow. Sie ist mit rund dreihundertsiebzigtausend Einwohnern die drittgrößte Stadt des Landes.

Im Jahr 1267 wurde sie erstmals in den Chroniken erwähnt und erhielt 1577 das Stadtrecht. Am Anfang stand auf den Hügeln an der Windung des Dnjeprs ein Schloss, um welches sich später die Stadt bildete. Die Auen rund um den Fluss werden regelmäßig von den Frühjahrshochwassern geflutet und sind daher bis in die Gegenwart kaum bebaut. Von damals bis heute wird die Stadt durch eine bewegte Historie von wechselseitigen polnischen, schwedischen und deutschen Eroberungen und Zerstörungen geprägt. Teile der Festung und viele der alten Bauten sind heute jedoch noch erhalten.

Die Innenstadt besteht aus einem bunten Mix aus Alt und Neu. Die schön renovierte Fußgängerzone - die Uliza Leninskaja - führt den Besucher über das bekannte Denkmal des Sterndeuters auf den Platz der Sterne (Ploschad' Swosd). Die Berührung des Fingers des Sterndeuters soll übrigens Wünsche erfüllen; die helle abgeriebene Stelle ist unübersehbar. Weiter entlang der Fußgängerzone erreicht man die Gedenkstätte für die sowjetischen Kämpfer, die wie ein „Balkon der Stadt" anmutet. In der Mitte thront auf einem Sockel, als Symbol für den Sieg und die Erneuerung des Lebens, eine Frau mit wehenden Gewändern. Fraglos darf auch das „Ewige Feuer" zum Gedenken der Toten aus den Jahren des „Großen Vaterländischen Krieges" nicht fehlen.
Weitere Sehenswürdigkeiten sind das wieder aufgebaute

strahlend weiße Rathaus mit seinem fünfrangigen Turm (erbaut 1679 - 1681), die Allee der Helden, die prächtige Kirche des Heiligen Stanislaw (in Manier der klassizistischen Architektur des 18. Jahrhunderts), der ehemalige erzbischöfliche Palast (später die Synagoge Zukermana und heute eine Sportschule), das orthodoxe Nikolski Kloster, die Kapelle des Heiligen Parakewi Patnizi mit seiner Heilquelle, die selbst der letzte russische Kaiser zu besuchen pflegte, das dramaturgische Theater aus rotem Backstein und die von drei Seiten betretbare Kathedrale der drei Weiher (der orthodoxe Haupttempel der Stadt, 1903 - 1914). Nicht fehlen darf natürlich auch der Leninplatz mit der typischen Leninstatue. Direkt dahinter erhebt sich das Haus der Räte (1938 - 1940), welches fast identisch mit dem in Minsk ist, da zur Zeit des „Großen Vaterländischen Krieges" beschlossen wurde Mogiljow zur Hauptstadt zu küren, falls Minsk „fallen sollte". Am Stadtrand existiert die kleine Siedlung Bunitschi inklusive einem kleinen Zoo mit Parkeisenbahn (der jedoch bei seinen verwöhnten europäischen Besuchern, nicht zuletzt durch die beengten Käfige der Tiere, keine große Begeisterung auslöst) sowie ein Völkerkundemuseum mit Exponaten typisch belarussischer Handwerkstraditionen.

Doch leider ist auch die Region Mogiljow nicht von der Tschernobylkatastrophe verschont worden. Eine Wolke bestehend aus Cäsium 137, Strontium und Plutonium regnete kurz nach dem Reaktorunfall im April 1986 über dem Gebiet um die Städte Gomel und Mogiljow ab.

Als wolle man all dies vergessen, finden in der Stadt jedes Jahr das Festival „Magnuty Boscha" für geistliche Musik und das internationale Folklore-Festival „Kranz der Freundschaft" statt.

Doch noch etwas ganz anderes an dieser Stadt ist bemerkenswert: ihr Name und dessen verschiedene Schreibweisen. Weißrussisch schreibt man Магілёў / Mahiloŭ und auf Russisch Могилёв / Mogiljow. Doch welche Schreibweise ist nun richtig und wie spricht man es aus?

Gleiches gilt auch für den Namen des Präsidenten: Lukaschenka (Weißrussisch; Russisch: Lukaschenko), der nicht weit von Mogiljow in einem Dorf namens Schklow seine ersten beruflichen Schritte mit Personalverantwortung vor seinem Gang in die Politik unternahm, lässt wegen seiner Endung aufhorchen. Denn diese ist für Russischsprachige als weiblich zu erkennen; jedoch was der Präsident der Republik Belarus über seinem Mund trägt, ist wohl alles andere als ein Damenbart, aber dazu später mehr.

Ein volkstümliches belarussisches Sprichwort besagt: „Eine neue Sprache lässt dich die Welt sehen." Dies ist doch ein schöner Anlass, auch das Belarussische einmal genauer zu betrachten:

Viele Belarus-Reisende denken selbstverständlich, sie würden mit ihren Russischkenntnissen schon zurechtkommen. Das ist auch kein Problem, da Russisch und Belarussisch gleichermaßen Amtssprachen sind. Doch spätestens, wenn man auf dem Bahnsteig die weißrussische Schreibweise der Stationen (zum Beispiel Weißrussisch Віцебск / Wizebsk; Russ. Витебск / Witebsk oder Weißrussisch Барысаў / Barysau, Russ. Борисов / Borisow) liest und auf dem russischen Plan in der Hand ein ganz anderer Name steht, bemerkt man, wie sehr sich diese zwei Sprachen unterscheiden.

Nun ist es an der Zeit sich vom Russischen regelrecht zu

distanzieren, um einen neuen unvoreingenommenen Blick auf diese Sprache werfen zu können.

Sprachwissenschaftlich gesehen, gehört das Belarussische zu den ostslawischen Sprachen. Es gibt etwa 7,9 Millionen Sprecher, davon Minderheiten in Polen, Russland, den USA und weiteren Ländern.

Schon während des 14. Jahrhunderts entwickelte sich die Sprache - unter Großherzog Gediminas (und seinen Söhnen Algirdas und Kestutis) in Vilnius - am Hofe der litauischen Fürsten und nahm mit der Ausdehnung des Reiches auch ukrainische sowie polnische Elemente in sich auf. Später jedoch wurde sie langsam immer weiter vom Polnischen aus der Schriftsprache verdrängt und verlor an Bedeutung; die Sprache lebte jedoch in der mündlichen Tradition dank der ländlichen Bevölkerung fort.

Ende des 18. Jahrhunderts fiel Belarus im Zuge der Teilung Polens an Russland und um das Jahr 1863 setzte eine regelrechte Verfolgung des Weißrussischen ein, gefolgt von einem Druckverbot im Jahre 1867. Russisch war nun offiziell Amtssprache.

In der ersten Hälfte des 19. Jahrhunderts entstanden die ersten literarischen Werke in weißrussischer Schriftsprache. Jedoch erst nach der russischen Revolution von 1905 gegen die zaristische Obrigkeit durften wieder Bücher und Zeitschriften legal gedruckt werden und schon um 1933 wurde all dies im Zuge der Gleichschaltung der gesamten Republiken der UdSSR durch Orthografiereformen wieder sehr stark eingeschränkt, russifiziert und unionsweit vereinheitlicht.

Später während der Perestroika (1990) konnte das Weißrussische wieder erblühen. Seitdem gibt es zwei konkurrierende Sprachsysteme: die sogenannte

„Taraschkewiza" (diese wird von den meisten Sprechern bevorzugt) und die sowjetische "Narkomauka" (diese ist der offizielle Standard). Die weißrussische Standardsprache wird jedoch nur von einer kleinen Elite der Stadtbewohner gesprochen, alle anderen sprechen zum größten Teil eine Mischung aus Russisch und Weißrussisch, abwertend als „Trassjanka" (zu Deutsch „gemischtes Viehfutter") bezeichnet.

Das aktuelle belarussische Alphabet dürfte vielen Russischsprechern durch seine kyrillische Form bekannt vorkommen und doch gibt es einige Besonderheiten - die Buchstaben Ў, I und die Buchstabenpaare ДЖ, ДЗ, die es im Russischen nicht gibt, wohingegen die Buchstaben Щ, И und Ъ im Belarussischen nicht vorkommen.

Einfach gesagt: Weißrussisch wird in der Regel so geschrieben, wie man es spricht und somit ist die geschriebene Sprache sehr nah an der tatsächlichen Lautsprache.

Abgesehen vom slawischen Stammwortschatz und den Einflüssen des Kirchenslawischen durch die wechselnden Herrschaftsverhältnisse in der Geschichte des Landes existieren im Weißrussischen viele Lehnwörter aus dem Polnischen, Ukrainischen, aber auch aus dem Deutschen. Zum Beispiel: Dach - дах / Dach, Zucker - цукар / Zukar, kosten - каштаваць / Kaschtawaz' oder Scheibe - шыба / Schyba.

Nun kann man den Namen der schönen Stadt Магілёў / Mahiloŭ oder Могилёв / Mogiljow mit der Gewissheit lesen, dass es keine richtige oder falsche Version gibt, sondern eben einfach eine Weißrussische und eine Russische, jeweils in

kyrillischen und lateinischen Buchstaben. In der
weißrussischen Aussprache gibt es kein „Gg", es ist eher ein
Laut zwischen g und h, ähnlich dem tschechischen „Hh".
Außerdem wird das „Ўў" nach einem Vokal überkurz
gesprochen, etwa wie das „w" in „cow". Aber auch der
Präsident darf seinen Oberlippenbart weiterhin mit
männlichem Stolz tragen, denn das unbetonte „o" von
Lukaschenko wird im Weißrussischen nicht nur als „a" wie
Lukaschenka gesprochen (wie im Russischen), sondern auch
mit einem „a" geschrieben. Vergleichbar mit dem
weißrussischen Wort für Wasser „вада / Wada" gegenüber
dem russischen „вода / Woda".

Nach diesem kleinen Einblick in die belarussische Sprache ist
es jedoch auch wichtig, den Problemen des Belarussischen
ins Auge zu sehen und sich Gedanken über die Prognosen der
Sprachwissenschaftler zu machen, die Belarussisch gerne zu
den aussterbenden Sprachen zählen. Denn trotz dieser
schönen eigenen Sprache wird in allen offiziellen Belangen
wie bei Behördengängen, in Formularen, in der Schule oder
dem Alltag sowie in den meisten Magazinen und Zeitungen
vorwiegend das Russische verwendet. Das Weißrussische
wird eher von Künstlern und Studenten gepflegt, gesprochen
und auch geschrieben.

Selbst die Veranstaltungen der 1992 in Minsk gegründeten
Europäischen Humanistischen Universität müssen seit 2004
im Exil in Vilnius (Litauen) abgehalten werden. Diese
Universität sah sich als Ausbildungsstätte einer neuen
unabhängigen belarussischen Intelligenz und wurde von
staatlicher Hand geschlossen. Doch trotz allem sind heute
noch immer 96 Prozent der Studenten in Vilnius Weißrussen.
Viele der Belarussen sprechen und verstehen sogar bis zu vier

Sprachen auf einmal: Russisch, Belarussisch, Polnisch und oft auch Jiddisch.

Der interessierte Reisende kann die Belarussen als stolzes, traditionsbewusstes Volk erleben, das den düsteren Prognosen der Sprachwissenschaftler über das Aufgehen des Belarussischen im Russischen lebhaft widerspricht. Sie lieben und praktizieren ihre Sprache und lesen viele der neuen zeitgenössischen belarussischen Autoren.

Doch nicht nur in der Wissenschaft, sondern auch in der Öffentlichkeit und der Politik wird „causa linguistica" hitzig diskutiert. So hatte auch der Präsident der Republik hierzu schon einiges zu sagen: „Ich habe es schon zigmal betont und betone es noch einmal: Zweisprachigkeit ist unser Kulturerbe, das auf der historischen Wahl des Volkes beruht. Wir würden niemals eine Diskriminierung einer der beiden Sprachen zulassen. Da in unserem Land die meisten Menschen Russisch zur Muttersprache haben, wäre es dumm diese künstlich zu entfernen." Doch das Problem als solches wird auch gerne direkt von ihm verleugnet: „Die Sprachprobleme in Belarus sind ein für alle Mal gelöst. Zumindest für die Zeit, in der ich das Amt des Präsidenten des Landes bekleide. Außerdem beantworteten die Belarussen diese Frage eindeutig im Volksbescheid. Ich möchte keine Abänderungen, Ergänzungen und Neuerungen vornehmen. Alle können die Sprache sprechen, die sie wollen." Um es sich am Ende ganz einfach zu machen: „Wir sollten dieses Thema weniger besprechen. Das nützt keinem, weder Anhängern noch Gegnern dieses Prozesses. Bringen wir einfach allen bei unsere Muttersprache, die belarussische Sprache, zu sprechen."

Der aufmerksame Leser wird in der Lage sein in all diesen

Aussagen einen gewissen Widerspruch zu erkennen und sich einige Fragen stellen wie zum Beispiel: Warum wird das Thema dann so oft aufgegriffen und angesprochen, wenn es kein Problem gibt? Und sollte es keines geben: Warum sprechen dann immer weniger Menschen Belarussisch als Muttersprache? Immerhin hat sich die Opposition als einen ihrer Hauptwerte den Erhalt alles Belarussischen, samt Sprache und Traditionen, auf die Fahnen geschrieben und bezeichnet Lukaschenka gerne als Russenfreund.

Dieser ganze Streit ist mutmaßlich eher künstlicher Natur und möglicherweise auch nur ein Mittel, um die Belarussen „bei ihren Wurzeln" zu packen und sie zu politisieren. Es sollte viel wichtiger sein, sich auf das Land und die Leute selbst zu besinnen und die Kultur und die Werte so vielen Menschen wie möglich lebendig zu vermitteln. Doch was ist schon eine Kultur und ein Volk ohne seine eigene Sprache?

Westfalija Kuchnja - belarussische Küche

von Oliver Kempkens

Was darf neben einer eigenen Sprache natürlich auch nicht fehlen? Eine eigene Küchen- und Kochtradition. Meine ersten Streifzüge durch Minsk führten mich in den Südwesten. Auf der Suche nach einem kleinen Imbiss, einem Teremok, einer Kafetria (oder gar einer Butterbrotnaja) traute ich kaum meinen Augen. Zwischen Hochhäusern entdeckte ich in einem architektonisch differenzierten Komplex das „Restaurant Westfalia". Sollte es also eine Möglichkeit geben „Rheinischen Sauerbraten", „Stielmuseintopf" oder „Himmel und Erde" zu genießen? „Wow!", dachte ich schnell. Vorschnell, denn - ich war ja in der Republik Belarus. Wollte ich hier wirklich Spezialitäten aus meiner Heimat probieren und mich vielleicht sogar noch darüber ärgern, dass es nicht schmeckt wie bei der Großmutter? Nein, sicherlich nicht. Mit dieser kleinen Gedankenleistung war mein Auge für die „belarussische Küche" geweckt. Gibt es diese überhaupt? Oder ist sie ein Teil - eines Reliktes - einer „Allunionsküche"?

Die sowjetische Küche ist strikt von der „russischen Küche" zu trennen. Zeichnete sich die russische Küche durch Vielfältigkeit in der Speisenzubereitung und Verwendung von Zutaten aus, so entwickelte sich die „sowjetische Küche" aus den Umständen der Zeit. Die industrielle Lebensmittelproduktion führte dazu, dass auch westeuropäische Speisen in den Speiseplan übernommen werden konnten. Durch die Gleichschaltung der Gesellschaft wurde das familiäre Mittagessen durch die „Gemeinschaftsverpflegung" ersetzt. In Kolchos-, Sowchos-, Schul-, Universitäts-, Werks-,

Krankenhaus-, Bergwerks- und Ministerialkantinen wurde für alle Gesellschaftsschichten gekocht. Dadurch bekam die Sowjetunion die Möglichkeit in ihrem heiklen formalistischen Streben (Fünfjahrespläne!) autark zu werden und den Verbrauch für ihre Genossen eisern zu planen. Gesund war immer das, wovon es gerade genügend gab. Die fortschreitende Industrialisierung durch die Eisenbahn und die Spezialisierung einzelner Landesteile auf bestimmte Warengruppen formten eine „Allunionsküche", in der Kaviar aus Astrachan, Rentierfleisch aus Sibirien, Pilaw aus Usbekistan und Ucha aus Georgien überall bekannt und wenn vorhanden, erhältlich war. Die Grundzutaten waren weiterhin ostslawische Zutaten wie beispielsweise Kohl, Zwiebeln und Möhren und - wie auch in der Republik Belarus - Kartoffeln.

Das war jedoch auch lange Zeit anders, denn durch die vielen territorialen Änderungen der Landesgrenze Belarus' entwickelte sich die ost- und westbelarussische Küche lange Zeit sehr unterschiedlich. Insbesondere der unterschiedliche Glaube (orthodox, katholisch), die unterschiedlichen Gesellschaftsschichten (litauischer, polnischer, russischer Adel) und der Einfluss der koscheren jüdischen Küche waren prägende Faktoren.

Was dem Russen seine „Kartoschka" ist, ist dem Belarussen seine „Bulba" (die im Übrigen etwa 80 Jahre früher als in Russland eingeführt wurde!). Heute liegt Belarus auf Platz Nr. 8 der Kartoffel-Weltrangliste. Zur Zeit der Sowjetunion exportierte das Land ca. 500.000 Tonnen Speisekartoffeln und 300.000 Tonnen Pflanzgut. Dennoch werden mit 340 kg jährlich in keinem Land dieser Welt so viele Kartoffeln gegessen wie in Belarus. Ihrer Liebe zur Kartoffel verleihen die Belarussen in traditionellen Reimen, Liedern und Tänzen

Ausdruck; und selbst den Präsidenten der Republik Belarus kann man jährlich erleben, wie er fachmännisch die Ernteerträge des Jahres mit dem Vorjahr vergleicht. Im gesamten Land verstreut existieren Spezialitätenrestaurants, die unzählige Kartoffelgerichte feilbieten. Kartoffeln gibt es in allen denkbaren Variationen: im Salat zusammen mit Pilzen, in Piroggen und selbst in gebackenen Rührkuchen. Wenn man von einem „Nationalgericht" spricht, so sind es wohl die dem deutschen „Reiberdatschi" ähnelnden „Draniki".

Hier das Rezept:

<u>Zutaten:</u> 1kg Schweinemett, 8 mittlere Kartoffeln, 1 mittlere Zwiebel, 2 TL Salz, 2 TL Pfeffer, 1 EL Senf, 3 Zehen Knoblauch, etwas Weißbrot, 4 Eier, etwas Fett zum Braten.

<u>Zubereitung:</u> Schweinemett in eine Schüssel geben, würzen (Salz, Pfeffer), Senf sowie 2 Eier und das eingeweichte Weißbrot zugeben und vermengen. Kartoffeln reiben und die übrig gebliebenen zwei Eier zugeben und mit Salz und Pfeffer würzen; Flüssigkeit abschütten. Nun das Schweinemett in gleiche Teile teilen und jeweils mit einem Mantel aus der Kartoffelpaste umhüllen. Diese dann platt drücken und ausbraten, bis sie eine schöne gold-braune Kruste haben (etwa 15 Minuten).
Am Besten schmecken die Dranikis warm mit Smetana und Pilzen (eingelegt oder auch gekocht).

Priatnowo Appetita!
Wie Sie sehen, lieben die Belarussen ihre Kartoffeln,

insbesondere die stärkereichen, die sie selbst anbauen. Und zwar so sehr, dass selbst das „Nationalkuscheltier", ein Biber, das es überall zu kaufen gibt, „Bulbaschik" heißt. Neben Kartoffeln, Kohl und Möhren spielen auch Milchprodukte eine besondere Rolle in der belarussischen Küche. Denn neben der klassischen Smetana und dem Kefir wird vieles in Molke, Butter oder Sahne zubereitet oder Mehlspeisen mit Quark gefüllt. Dabei besteht die Mehlspeise häufig nicht aus dem recht spät entdeckten Weizenmehl, sondern vornehmlich aus Hafermehl. Im Übrigen spielen die dunklen Mehlsorten wie Hafer-, Roggen-, Gersten-, Buchweizen- oder Erbsenmehl eine dominante Rolle in der typisch weißrussischen Küche. Auch an der Mehlauswahl sieht man die Linie in der belarussischen Küche: Es wird verwendet, was einheimisch vorhanden ist. So spielen zum Beispiel neben den klassisch-russischen Sättigungsbeilagen, Kartoffeln und Kohl, in Belarus insbesondere Pilze eine große Rolle. Es ist absolut normal, dass man unter der Woche einfach mal raus in den Wald fährt und dort Pilze sucht. Dabei gehen die Belarussinnen zielgerichtet vor, denn sie wissen, a) wo man Pilze findet und b) welche man nehmen kann. Zu Hause werden dann diese nicht wie bei uns im Westen gebraten, sondern gekocht, getrocknet, gedünstet oder in Salzlake eingemacht. Pilze sollen auch in anderen Varianten eingesetzt werden: Wer jemals in Polen war, wird die köstlichen Chips mit Pilzaromen kennen. Aber kennen Sie auch Pilzpulver zum Einreiben von Fleisch- und Fischgerichten?

Oder Wodka mit Pilzgeschmack?

Wodka ist übrigens ein wichtiger Punkt. Um das Klischee zu erfüllen - auch Wodka ist in Belarus recht beliebt und darf zu keiner Feier fehlen. Es gibt ein paar gute Sorten (Belowjedjskaja, Minskaja, usw.) aus denen - neben dem selbstgebrannten „Samagon" - mein Lieblingswodka herausragt: Bulbasch! In Anlehnung an die gute alte Kartoffel wird der Wodka klar oder mit verschiedenen Extrakten angeboten. Favorit der Autoren ist der „Grüne" mit Birkenextrakt. Die Birke gibt dem Wodka eine interessante Note und hebt sich dadurch von der gesamten östlichen Wodkalandschaft ab. (Die Birke ist der belarussische Nationalbaum; dies werden Sie bei einer Führung durch Xatyn möglicherweise noch erklärt bekommen.)

Ansonsten wird Bulbasch beispielsweise noch mit Chili- oder Honigextrakt angeboten. Auch die Bierliebhaber können auf ihre Kosten kommen, denn mit Lidskoje, Krynitsa und Bretskoje gibt es durchaus ordentliche Produkte, die zwar nicht nach dem deutschen Reinheitsgebot gebraut werden, aber dennoch ganz gut schmecken. Mein Espada kommt dabei nicht aus Belarus, sondern aus der Russischen Föderation und heißt Klinskoje! Wenn wir schon mal bei den Getränken sind, dann kann ich noch den belarussischen Wein nennen, der nicht zu empfehlen ist. Die Belarussen nennen ihren Wein liebevoll „Tinte" und haben mich beim ersten Kauf belächelt. Nach dem Genuss wurde mir klar - weshalb. Seitdem vertraue ich den „Hausherren" und greife gern auf den georgischen Wein zurück. Nichtalkoholisch ist insbesondere die „Belkola" zu empfehlen, eine kräuterlastige Alternative zur bekannten Coca-Cola/Pepsi-Cola-Welt im Westen sowie Birkenlimonade („Sok Bjeresowij"). Beide Limonaden sind interessant und sprechen unentdeckte Geschmacksknospen an.

Auswärts essen

Dafür bietet sich in einem zentralistischen Land natürlich die Hauptstadt an. In Minsk gibt es Restaurants für jeden Geschmack: usbekische, tatarische, jüdische, aserbaidschanische, italienische, spanische, bayerische, nordrussische, libanesische und natürlich belarussische Küche. Die Preise in den meisten Restaurants sind dabei sehr moderat und günstig für westliche Verhältnisse. Das nordrussische Spezialitätenrestaurant „Expedizija" mit Rentier, Elch und nordrussischen Fischen ist da eher eine Ausnahme. Dort sind Preise von 10 bis 90 EUR für ein Hauptgericht normal. Ach ja, und so machoistisch der „Klischeebelarusse" für uns sein mag, eine Dame zahlt nie …

Ansonsten hier ein paar Tipps:

Brest

Rondo - Ul. Sowjetskaja 45 - „klassische" Allunionsküche zu Preisen von 0,50 bis 2 Euro

Jules Verne - Ul. Gogolja 29 - Indisches Restaurant mit einer reichhaltigen Auswahl an vegetarischen Speisen, das Hauptgericht gibt es dort für Preise von 4 bis 8 Euro

Gomel

Karchma Budzma - Ul. Priwoksalnaja 3 - russische und belarussische Speisen, riesige Portionen zu Preisen von 3 bis 8 Euro

Turist - Sowjetskaja 87, drei Restaurants mit vorzüglicher russischer, belarussischer und europäischer Küche in stilvollem 1970er Jahre Sowjetambiente, Preise von 6 bis 13 Euro

Grodno

Stary Lyamus - Ul. Dserschinskowo 1a, uriges Restaurant mit gutem Service, belarussische und russische Spezialitäten, Preise für ein 3-Gang-Menu etwa 5 Euro

Karchma - Ul. Sowjetskowo 31, direkt im Zentrum von Grodno, mittelalterliche Einrichtung, traditionelle belarussische Küche, 10 Sorten Kaffee, 3-Gang-Menu für etwa 6 Euro

Kronon Park Hotel - Pyschki Park, am besten via Taxi, das beste Restaurant am Platz, italienische, deutsche und französische Küche, die Gerichte sind avantgardistisch angerichtet, Preise von 2,50 bis 15 Euro für den Hauptgang

Minsk

Astara - Ul. Pulixova 37 - Aserbaidschanische Küche, sehr interessant, witzigerweise super deutschsprachige Speisekarte, Preise von 2 bis 15 Euro (Hauptgang)

Expedizija - Ul. Parinkowaja - Nordrussische Spezialitäten mit Rentierschaschlik, Moosbeerensalat, Fischspezialitäten und Kräutertee. Preise wie oben von 10 bis 90 Euro

Lido - Pr. Nezavisimosti 49 - Station „Ploschad Jakub Kaloca" - Selbstbedienungsrestaurant mit belarussischen und russischen Spezialitäten - Riesenportionen, Preise 3 bis 6 Euro

Grip - Ul. Komsomolskaya 19 - Stichstraße zum Pr. Nezavisimosti - Italiener (Pizza) + Cocktails - Pizza in

Belarus???? Ja ☺ - Preise von 4 bis 8 Euro

Gostinny Dvor - Ul. Sovetskaya 17 - Station „Ploschad Lenina" - Guter Service - sehr gute belarussische Küche zu vertretbaren Preisen von 7 bis 10 €

Pechki Lavotschki - Pr. Nezavisimosti 22 - Station „Oktjabarskaja" - Belarussische und slawische Küche - Nettes Ambiente - Musiker! - Große Karte - leckere Nachspeisen - Preise 4 bis 8 Euro

Byblos - Ul. Internationalaya 21 - Station „Okjabrarskaja" - Libanesische Küche - einfach aber lecker - Preise 3 bis 7 Euro

Gurman - Ul. Kommunisticheskaya - Französisch-belarussiche Küche - sehr lecker - recht vernünftige Preise von 5 bis 8 Euro

Casa Augustin Lopez - Ul. Sacharowa 31 - Spanische Küche - Laut mehreren Internetportalen das beste Lokal in Minsk! - Preise von 10 bis 15 Euro

Café Bezé - Pr. Nezavisimosti 18 - Schönes Café im Kaffeehausstil - Service nicht so toll, aber recht gemütlich - Preise recht gut von 1 bis 4 Euro für Kuchen & Kaffee

Nowy Wek - Im Bahnhof, 2. Stock - Imbiss mit viel Auswahl - gute Preisen von 0,30 EUR bis 1,50 Euro für einen Snack mit Getränk

<u>Mogiljow</u>

Gabrowo - Ul. Perwomajskaja 31, bulgarische Küche, gemischt mit belarussischen Zutaten, sehr lecker, Preise von 3 bis 6 Euro

Wiktorja - Ul. Perwomayskaja 16, russische Küche mit einem interessanten europäischen Angebot, Preise äußerst günstig bis 4 Euro

<u>Witebsk</u>

Traktir „Witebsk Tavern" - Ul. Suworowa 2 - meiner Meinung nach, das beste belarussische Spezialitätenrestaurant der Stadt, sehr moderate Preise von 3 bis 7 Euro

Eridan - Ul. Sowjetskaja 21/17 - russische und belarussische Spezialitäten, moderate Preise von 4 bis 9 Euro

Mein Geheimtipp befindet sich in Babruisk

Tschyrwonaja Wescha - Ul. Puschkina 194/19 im historischen Wasserturm und „the place to be in town" - tolle Terrasse, auf der man sehr, sehr leckere belarussische Küche mit sehr moderaten Preisen von 2 bis 6 Euro genießen kann.

Witebsk

von Nina Reuter

Im Norden von Belarus - nahe der russischen Grenze - liegt die Stadt Witebsk. Mit über 350.000 Einwohnern zählt sie zu den größten Städten im Land, wenngleich sie wenig bekannt ist. Dabei lohnt sich ein Besuch dieser Stadt, die einige bekannte Kinder vorweisen kann. Denn immerhin kann Witebsk für sich beanspruchen, im Laufe der Jahrhunderte europäische Kulturgeschichte mitgeschrieben zu haben. Hier pulsierten das Leben und die Künste.

Zum Ende des 10. Jahrhunderts wurde die Stadt auf Anordnung der Kiewer Fürstin Olga an den Ufern der Dvina gegründet. Die im Rahmen des Schlossbaus ebenfalls errichtete Mariä-Verkündigungskirche gehört auch heute noch zu den Sehenswürdigkeiten der Stadt. Witebsk entwickelte sich aufgrund der ausgesprochen günstigen Lage rasch zu einem Knotenpunkt der Handelswege zwischen den Völkern im Norden und den Ländern im Süden. Später gaben die Magdeburger Stadtrechte Witebsk als östlichster Stadt den nötigen Raum, um sich selbstständig entwickeln und entfalten zu können. Witebsk wurde immer wieder von der Geschichte ins Spiel gebracht, denn selbst Napoleon kam auf seinem Marsch gen Moskau durch die Stadt, wie auch Alexander Puschkin auf seinem Weg ins Exil. Ein Puschkin-Denkmal befindet sich im Park neben dem Theater.

Der bekannteste Sohn Witebsks ist sicherlich Moischa Schahalau, besser bekannt als Marc Chagall, jenem großartigen Maler, den wahrscheinlich nur Kunstkenner oder Rätselfreunde mit Belarus verbinden. Geboren am 7. Juli 1887 in Peskowatik bei Witebsk hat Chagall seiner

Heimatstadt in den zwanziger Jahren des 20. Jahrhunderts zu großem künstlerischen Ansehen verholfen. Das Haus der Familie Chagall beherbergt heute ein Museum, das sich angemessen mit Vita und Werk des Malers auseinandersetzt. Viele weitere Künstler ihrer Zeit, wie z.B. der Konstruktivist Kasimir Malewitsch oder der Realist Ilja Repin, fanden vorübergehend in Witebsk eine neue Heimat. Nicht weit außerhalb der Stadt liegt die sogenannte Repin-Datscha, das Sommerhaus Repins, in dem einige seiner Gemälde ausgestellt sind.

Schon während der Sowjetzeit wurde die Erinnerung an den Krieg in Form von Denkmälern, wie beispielsweise den Partisanendenkmälern, im Stadtbild kultiviert. Heute blüht das kulturelle Leben in Witebsk wieder auf: Es gibt Lesungen und Ausstellungen und seit 1992 findet jährlich im Juli das Kunstfestival „Slawischer Basar" - mit Beteiligung von Künstlern auch aus den Nachbarländern Ukraine und Russlands - statt.

Nahe dieser Stadt wurde Alexander Lukaschenko wohl am 30. August 1954 in der Ortschaft Kopys im Oblast Witebsk geboren (die Angaben hierzu variieren manchmal; Ungereimtheiten im Lebenslauf können - ganz sowjetisch - einfach dazugehören).

Epilog

Karoline Spring

Nach längerem Aufenthalt als Dozentin an der BGATU Minsk liege ich auf der unteren Liege des Kurswagens und Impressionen aus Belarus ziehen an mir genauso schnell wie die Landschaft am Fenster vorbei.

Mein letzter Eindruck sind meine lieb gewonnenen belarussischen Freunde und Kollegen, die mir auf dem Bahnsteig nachwinken und versuchen die Tränen zurückzuhalten. Sie sind ein Spiegel der herzlichen, liebenswürdigen, fleißigen Menschen des Landes und ich weiß jetzt schon, dass ich diese Helfer und Begleiter für jede denkbare Situation im anonymen, schnelllebigen Berlin vermissen werde.

In Berlin angekommen, stehe ich von der Vielfalt im Regal überfordert im Discounter und sehne mich nach einem aufgeräumten Tresen mit einer grimmig dreinschauenden Weißrussin zurück. Denn trotz der teilweise begrenzten und kulturell anderen Auswahl während meines Aufenthalts in Belarus, habe ich das Gefühl nichts vermisst zu haben. Vielmehr fühle ich mich fast einsam ohne die drängelnde Babuschki vor und hinter mir und strecke als Frau, die ich nun mal bin, noch immer vergeblich meine Hand beim Aussteigen aus dem Bus nach einer helfenden Stütze aus. All dies macht mich nachdenklich und es fällt mir nicht leicht wieder in Deutschland anzukommen.

Ist Belarus nun wirklich eine Groteske oder gar ein künstlich geschaffenes Land ohne eigene Geschichte und Kultur? Belarus Vergangenheit, Zukunft und Gegenwart wurde im Jahr 1991 auf Null gesetzt, „reset". Seitdem bemühen sich

Politik, Institutionen und Gesellschaft einen eigenen Weg zu beschreiten, fernab russischer, amerikanischer oder sonstiger Einmischungen. Dass als Handels- und Vertragspartner häufig nur vermeintliche Schurkenstaaten wie Venezuela, Schwellenländer wie Pakistan und Brasilien oder aber neuen Global-Playern wie der Volksrepublik China bleiben, liegt auch an der nicht stromlinienförmigen politischen Handhabe des Präsidenten. Die EU übernimmt gerne amerikanische Traditionen und vergisst dabei, dass Demokratie kein Exportprodukt ist. Man denke an Deutschland 1965, zwanzig Jahre nach dem Zerfall des 3. Reichs.

Sämtliche Befürchtungen und Vorurteile, die mir zu Beginn der Reise im Kopf herumspukten, haben sich schon zu Beginn verflüchtigt und auch den Präsidenten habe ich nicht als den gefürchteten Diktator erlebt. Meine Erinnerung zeigt mir nur einen recht langsamen Kapitän eines Eishockeyteams für die alten Herren des Sports, den man besser nicht lauthals auf offener Straße beleidigt.

Doch den Versuch dieser Provokation bin ich mir lieber selbst schuldig geblieben. Ich schrecke aus meinen Gedanken auf, weil sich auf meinem Weg zwei zweifelhafte „volltätowierte“ und breitschultrige Berliner mit ihren Kampfhunden gegenüberstehen und lautstark Beleidigungen austauschen. Indem ich auf die gegenüberliegende Straßenseite wechsele, mache ich einen großen Bogen um diese brenzlige Situation und bemerke, wie sicher ich mich in Minsk gefühlt habe. Zurück hinter dem Bollwerk meines Schreibtisches sage ich zu mir selbst: Schlussendlich ist es wie immer.

Statt vieler Erfahrungen und Meinungen Dritter zu übernehmen, fahre hin, schaue Dir alles an und bilde dir deine eigene Meinung!

Linkliste Weißrussland

Reiseunterstützung

Auswärtiges Amt	www.auswaertiges-amt.de/diplo/de/Laenderinformationen/01-Laender/Belarus.html
Belarussische Botschaft in Deutschland	germany.belembassy.org/de
Pulexpress (Visadienst)	pulexpress.de/
Bahnfahrt	www.rw.by/
Fluglinie	belavia.by/
Visumantrag Belarus	belarus-botschaft.de/de/visa.htm

Länderinformationen

Belarus-Reise-Info	belarus-reise.de
Belarus Kennzahlen	europa-auf-einen-blick.de weissrussland/index.php
Belarus Länderinfos	osteuropa-infoseite.debelarus.htm

Städteinformationen

Minsk	privet-minsk.de/
Minsker Stadtverwaltung	minsk.gov.by/ru/
Grodno	grodno.by/
Brest	brestonline.com/
Stadt Gomel	gomelcity.h1.ru/
Mogiljower Region	region.mogilev.by/
Baranowicier Stadtver.	baranovichy.by/
Babruisk Stadtportal	bobruisk.org/
Witebsk (erste S. über W.)	vitebsk.com/

Witbebsk Stadtportal   w3.vitebsk.by/

Restaurants, Cafés, Clubs

Astara Minsk   wap.astara.by/en/
Geometria (Szeneführer)   minsk.geometria.ru/
LastFM (Szene)   lastfm.de/events/+place/Belarus/
                              Minsk
Relax (Szene)   relax.by/
I-Minsk (Stadtmagazin)   i-minsk.com/
Minsker Nachtleben   minsknightlife.net/
Another (Subkultur)   another.by/

Hotels

Hotel Minsk   hotelminsk.by/
Crown Plaza Minsk   cpminsk.com/
Hotel Orbita Minsk   orbita-hotel.com/
Hotel Belarus   hotel-belarus.com/
IBB Hotel Minsk   ibb.by/de/hotel
Hotel Victoria   hotel-victoria.by/

Universität

Akademie des Präsidenten   pac.by/ru/
Staatliche Universität Minsk bsu.by/

Kultur

Informationspage über die
Brester Festung   belarusguide.com/cities/castles
                             /Brest_Fortress.html
Brester Gebietsverwaltung   brest-region.by/
Marc Chagall & Vitebsk   1001art.netVitebskPaint
                             Chagall.html
Gomel - Früher und Jetzt   gomel.lk.net/

Sport

Eishockey WM 2014   minsk2014.com/
Belarussischer Fußballverband   bff.by/
HC Dinamo Minsk   hcdinamo.org/
Dinamo Minsk   dinamo-minsk.com/
Belarussischer Handballverband   handball.by
Fallschirmspringen Belarus   dropzone.by/

ÖPNV

Metrokarte Minsk   urbanrail.net/eu/min/minsk.htm
Fanseite Metro Minsk   bymetro.narod.ru/versions/
                             emain.htm
ÖPNV Minsk   minsktrans.by/

Organisationen und Infos rund um Belarus

Deutsch-Belarussische Gesellschaft   dbg-online.org/
Friedrich-Naumann-Stiftung   freiheit.org
Joe-List   oe-list.de/
OSZE   osce.org/minsk/
Deutscher Belarussischer
Wirtschafts-Club   dbwc-minsk.org/de/
Rotary Club Minsk   homepages.ihug.co.nz/
     ~henkypnk/rotbelarus.html
Goethe Institut Belarus   goethe.de/ins/by/mindeindex.htm

Presse

Staatliche Nachrichtenagentur   belta.by
russland.ru   russland.ru
Belarus News   belarusforum.de/
Radio Belarus (deutschsprachig)   radiobelarus.tvr.by/ger/
     prognet.asp

Geschichte

Weißrussische Juden   beljews.info/
Xatyn   khatyn.by/
Minsker Ghetto   ibb-d.de
Tschernobylkatastrophe   tschernobylhilfe-belarus.de/
Kuropaty   kirche-tastungen.org/Reli/
     RussRevStalin/Kuropaty.html

Kurioses

Lukaschenko 2008	ukashenko2008.ru/
Arge Belarus	arge-belarus.de/

Politik

Alexander Lukaschenko	president.gov.by/
Alexander Milinkevich	by.milinkevich.org/index.php

Autoren

Oliver Kempkens, Wirtschaftsmediator (cvm), candid. iur. (Ludwig-Maximilians-Universität München), Masterstudent Mediation (Europa-Universität Viadrina) reist seit seinem 17. Lebensjahr regelmäßig in die Länder der ehemaligen Sowjetunion.
Seit 2008 u. a. leitet er ein internationales Begegnungsprojekt in Babruisk, ist Mitglied der Deutsch-Belarussischen-Gesellschaft e.V., der Deutschen Gesellschaft für Auswärtige Politik e.V. und engagiert sich in weiteren Projekten für Belarus.
Oliver.Kempkens.Iur@googlemail.com

Karoline Spring, studiert Slavistik und lebt in Berlin. Seit ein paar Jahren leitet sie ein Begegnungs-Projekt in Belarus und hat im Frühjahr 2010 an der staatlichen agrartechnischen Universität Minsk Deutsch als Fremdsprache (DaF) unterrichtet und an mehreren Lehrwerken mitgearbeitet.
Karoline_Spring@yahoo.de

Nina Reuter, arbeitet als ausgebildete Buchhändlerin in einer der größten Buchhandlungen Deutschlands, wo sie über einen längeren Zeitraum auch den Fachbereich Geschichte/Politik mit betreut hat. Nebenher engagiert sie sich seit Jahren ehrenamtlich in der Jugendarbeit des Volksbundes Deutsche Kriegsgräberfürsorge, seit einiger Zeit mit Schwerpunkt im östlichen Europa.
NinaReuter@gmx.net

- www.russland.tv
- www.russland.ru
- klamurke.com
- www.kulturportal-russland.de
- www.eurasischesmagazin.de
- www.russlandjournal.de
- www.nachrussland.de
- www.inrussland.net
- www.russlandsuche.net
- maiak.info
- gusreisen.ch

Russlandfakten.info finden Sie auch als Gruppe bei Facebook und XING sowie bei Twitter unter dem Namen **russlandbuecher** als gemeinsames Konto mit der

russlandfakten.info sucht laufend Kooperationen mit anderen Unternehmen.

Setzen Sie sich doch einfach mit uns in Verbindung

Links

Seiten unserer Autoren und Mitarbeiter

- russland-buecher.ru
- russlanddaten.info
- www.russlandnetz.de
- www.cdc-msk.ru
- www.nachrussland.de
- www.inrussland.net
- www.deadseriousdesign.de
- www.traumzeit-geschichten.de
- www.russlandsuche.net
- www.wodka.de.tt
- www.orenburgregion.de
- konzerte.ru
- geschichten.ru

Dazu noch

- www.deutsche-im-ausland.org
- www.pinkrus.ch
- www.suchbuch.de
- www.wikiservice.at/buecher/wiki.cgi?RalfHellbart
- www.informationsluecke-verlag.com

Unterkünfte und Visumunterstützung Russland

- NachRussland-Reiseservice, Visumunterstützung, Hotels und Appartements service.nachrussland.de
- Der Sankt-Petersburger – Vermittlung von Ferienappartements, www.der-sankt-petersburger.de
- Nevsky GmbH, Schweiz, info@nevsky.ch , Internet: www.st-petersburg.ch
- Rauschen Reisen, Oleg Kononin, www.rauschen-reisen.de (Unterkunft in Swetlogorsk in der Kaliningrad-Region)
- Sankt-Petersburg-Ferienwohnungen, www.saint-petersburg-apartments.com./de/
- Vesta-Hotel, 92, Nevsky Prospekt, Sankt Petersburg, vshotel@rol.ru, Internet: www.vestahotel.spb.ru/de/
- www.petersburg-hotel.com - Minihotels in Sankt Petersburg unter Schweizer Leitung
- www.apartment-stpetersburg.com
- www.russian-hotels.de
- www.apartment-stpetersburg.de - Appartements Sankt Petersburg - Unterkünfte aus privater Hand vor Ort in der Metropole an der Newa. Unter Schweizer Leitung

Adressen für Russlandreisende

Spezialisierte Reiseveranstalter mit Service für Individualreisende

- Sicher Reisen Nietzsche GmbH, Möhlstraße 7, 81675 München, www.sicher-reisen.de
- Riesreisen, Omerskopfstraße 80, 77855 Achern, www.riesreisen.de
- Sputnik Travel, Stresemannstraße 107, 10963 Berlin, www.sputnik-travel-berlin.de
- Go East, Bahrenfelder Chaussee 53, 22761 Hamburg, www.go-east.de
- gus-reisen.ch

Weiterhin bei russlandfakten.info erschienen

Investition in Russland

Analyse anhand des Russischen Jahrbuches 2010 sowie Vergleichszahlen aus westeuropäischen Ländern
ISBN 978-3-839164273
August 2010 Broschiert

Sie suchen ein originelles Geschenk zum Geburtstag, Jubiläum oder zu einem Feiertag?

Vielleicht möchten Sie aber einfach nur ein Frauenherz erobern, beim Firmenjubiläum Ihren Chef beeindrucken oder Ihrer Schwiegermutter für ihre Tochter danken?

Die bekannte Autorin Viola Eigenbrodt schreibt Ihnen ein individualisiertes Märchen.

Ob klassisch oder modern, auf alle Fälle mit Wiedererkennungseffekt beim Beschenkten.

Vielleicht brauchen Sie einfach nur einen romantischen Liebesbrief? Auch da bekommen Sie Unterstützung.

Unverbindlich anfragen oder auf der Webseite stöbern.

www.vioal-eigenbrodt.de